从黄冈中学到北大清华

万春耕 / 主编

长江出版传媒 | 湖北教育出版社

（鄂）新登字02号

图书在版编目（CIP）数据

从黄冈中学到北大清华 / 万春耕主编. — 武汉：湖北教育出版社，2018.7

（他山之石）

ISBN 978-7-5351-9598-2-01

I. ① 从… II. ① 万… III. ① 高中生 – 学习方法②高考 – 经验 IV. ① G632.46②G632.474

中国版本图书馆CIP数据核字（2015）第050085号

出版发行　湖北教育出版社
邮政编码　430015　　电　话　010-62949288
地　　址　武汉市青年路277号
网　　址　http://www.hbedup.com
经　　销　新华书店
印　　刷　北京飞达印刷有限责任公司
开　　本　710mm × 1000mm　1/16
印　　张　7.5
字　　数　120 千字
版　　次　2018年7月第2版
印　　次　2018年7月第2次印刷
书　　号　ISBN 978-7-5351-9598-2-01
定　　价　26.80元

重点中学学习方法揭秘：他们的学习为什么那么好？

人大附中、北京四中和黄冈中学是全国最为知名的三所重点高中，每年高考的成绩都在全国遥遥领先。超高的升学率、状元的高产以及学生考入国内外名校的惊人数量，都让这三所学校令人惊叹和向往。在很多家长看来，如果自己的孩子能够进入这三所学校学习，就等于买到了一份迈入名牌大学的保险。

很多人把这些现象称作神话或奇迹。其实，这些学校的大多数孩子都是普通人，在天赋和智商方面也并不比其他学校的孩子高出多少。那么，他们的学习为什么那么好？他们到底是怎样学习的？他们的秘诀是什么呢？

细节决定命运，方法决定成败。优秀学生一定有他们与众不同的科学方法和学习思维。本书作者万春耕是一位长期担任毕业班班主任的资深老师，在他看来，这三所学校的与众不同之处应该就在学习模式、学习方法上。因此，万老师在多位一线教师的帮助下，全面搜集了历年来从这三所学校考入北京大学和清华大学的优秀学生的学习经验，并进行了系统性的总结，提炼成一些可以依循的实用学习方法，汇编成了本套丛书。这些方法无不经过实践的检验，相信广大中学生一定能从中获益良多。

《学习，赢在方法：从北京四中到北大清华》：北京四中校长刘长铭在评价自己学校的学生时，说："许多学生都感到，在北京四中学习，有两项能力格外重要：一是自我激励的能力，二是做出适当选择的能力。将这两种能力归并于一体，其实就是人的自我管理能力。"也就是说，在北京四中，优秀学生们都掌握了自主学习的能力，对于学习这件事，完全是自动自发的。我为什么要学习？我为谁读书？当大家能够自我激励、自我选择、自我管理的时候，成绩的提高就是水到渠成的事了。

《学习，赢在细节：从人大附中到北大清华》：对于青少年来说，高中阶段是一个至关重要的阶段。人大附中校长刘彭芝曾经说："高中阶段就像一个人的腰，腰间无力，今后干什么都不行；又像足球的中场，中场不好，进攻和防守都成问题。"高中三年是孩子们身心快速成长的时期，每一个细节都值得斟酌推敲。在学习中如何掌握高效的方法、养成坚韧的品性、培养良好的习惯，这些都将决定孩子的未来以及人生的高度。

《学习，赢在效率：从黄冈中学到北大清华》：在黄冈中学的众多优秀毕业生那里，我们可以反复听到"效率"这个词语。黄冈中学以考题出名，常用的"题海+考海"战术，经常让大家误解。高分考入清华大学的夏浩同学在谈到自己的学习方法时，强调的不是做题，而是效率第一。他说："永远不强迫自己去学习，永远不在没有效率的时候学习。我的高效率是同学们一致公认的，所以别看我平时玩得多，但我做的题目、掌握的知识绝对不会比别人少。"

这个世界上没有不适合学习的人，只是很多同学在学习过程中没有找到适合自己的学习方法和模式。我们相信，优等生的成功之路，你也可以复制！

contents

目录

第一章

抓住课堂45分钟，保证听课效率

第二章

掌握解题方法，提升解题能力

第三章

强化知识记忆，轻松获取高分

第四章

注重阅读，提升综合能力

contents

目录

第五章 培养自学能力，让学习进入良性循环

第六章 劳逸结合，学习好也要休息好

第七章

学会自我调节，掌握应试技巧

第八章

在竞争中保持良好的心态

[第一章]

抓住课堂45分钟，保证听课效率

黄冈中学一直坚持传统的课堂教学方法，它要求当老师的认真讲，当学生的认真听，在整个教学过程中始终是以老师为主导。虽然这样学生始终处于被动的地位，很难体会到学习的乐趣。但这种课堂教学模式毫无疑问是最高效的。因此，我们要在课堂上专心地学习，掌握老师所讲授的知识，认真完成老师布置的作业，配合老师提高课堂教学效率，向每堂课的45分钟要效益。

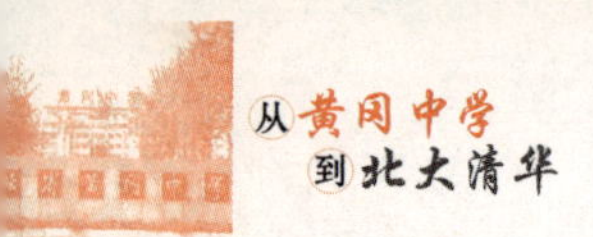

01 听课要紧跟老师的讲课思路

听课时，同学们虽然不可能把老师所讲的每一句话都印在脑子里，但老师所讲的关键内容你一定要抓住。有的同学之所以在课堂上听课效果不佳，很大一部分原因就是听讲时没有抓住老师的思路，不能保持听讲的连续性，导致对课堂知识的记忆出现了空白点。

星光大道

吴穹 | 2010年保送清华大学

榜样之谈

我不太喜欢买参考书，买了也做不完，我的学习方法就是跟着老师走。

平时，如果我能考到前三名就已经算是好的了！如果考十几名就是正常水平的发挥。说起学习方法，很简单，跟着老师走！当然预习很重要，因为你要提前了解自己不能理解的问题。我从来不会在上课的时候，做其他科的作业或者看其他科的书；也不会愿意听的时候好好听，不愿意听的时候就走神。还有就是，我的妈妈不允许我熬夜。我试着熬过几次夜，结果却是，白天想听课但精神不行，总打瞌睡。

我喜欢数理化，喜欢钻研题目时的那种感觉，没事就会做做题。做出来的话就很有成就感，做不出来则心急火燎地去问老师，这样一来二去，相关科目的老师喜欢我，我也喜欢他们。从此，我对学习越来越感兴趣，当然越学越好。

当我保送清华大学以后，我知道以后要做的就是更加虚心地跟着老师走！

高效学法

我们在听讲时怎样听讲才能听得既省心、又放心呢？当然是要跟着老师的思路走了。因为每个老师授课都有自己独特的思路，在听课中，如果能够抓住老师的思路，就能取得良好的学习效果。

那么，除了根据不同老师的讲课风格来调整听课思路外，我们还可以采取哪些好办法来牢牢抓住老师的思路，保证自己的思路“不掉队”呢？

一般来说，在课堂上我们只要注意以下几点，就能紧跟老师的思路。

1. 注意老师的开场白和结束语

老师的开场白虽然寥寥几句，但是往往言简意赅地总结了要点。结束语亦是如此。

2. 注意老师的板书

老师的板书往往是所讲内容的纲目，或是本节课的要点、重点和难点。

3. 注意老师反复强调的部分

老师在课堂上反复强调的，板书中彩笔勾勒的都是重点或易错的知识点。

4. 跟随老师的讲述，同时理清思路

不要只注重公式或者结论的记忆，重点在理解。

02 积极参与，不做课堂上的配角

同学们在听课的时候要主动、积极地参与课堂内的全部学习活动和思维活动，如大胆发言、参加课堂讨论等，争当课堂学习的主人。

星光大道

刘力 | 以678分考入北京大学生命科学学院

榜样之谈

我是一个让老师特别头疼的学生。我觉得自己不懂的实在太多了，问题也太多了。课间10分钟、上课45分钟对我而言实在太短暂了，我的最高纪录是一整个晚自习都呆在老师的办公室。

我曾经一度怀疑是不是自己太笨了，直到有一天，老师跟我说，你现在的精力应该放到高中课本上，其他问题到了大学再研究也不迟。原来，不知不觉中，我已经涉及了其他领域的知识。

还有一个方法，我习惯“超前听课、比较听课”。上课的时候，虽然要跟着老师的步伐，但是思路却要走在老师前面。比如，老师提问时就应该主动地寻找答案，并跟老师提供的答案作比较，看看差距在哪里。

高效学法

对于这点，考入北京大学的蓝图同学也深有感触。他认为老师的讲解和指导为我们的学习创造了前提条件，但老师的讲解和启发再好，如果大家不积极参与，不主动消化和吸收，是不能很好地完成课堂学习任务的。

所以，对于老师的每一个提问，同学们都要积极思考，主动发表自己的看法，认真参加讨论；对每次演示实验，都要仔细观察踊跃参加。

在课堂上，同学们要做到积极的参与，应注意以下四个问题：

1. 我是否掌握了足够的知识去积极参加课堂讨论？由于绝大多数老师都紧跟教材，所以一般情况下都可预测出课堂讨论的内容。如果你没有胆量发言，就要事先猜测一两个你认为可能讨论的题目，并做好准备，这样会使你感到安全，能帮助你克服恐惧感。

2. 我是否有正面回答问题的聪明方法？回答问题最好用肯定形式，而不是否定形式。切勿首先对自己答案的正确性提出疑问，否则，还没等你开始解释自己的观点，就令人怀疑了。

3. 认真倾听其他同学的发言。在认真倾听其他同学发言的同时，也要和自己的想法进行比较，从中汲取有益的东西。

4. 认真领会老师的总结性发言。不仅要重视老师对问题所下的结论，而且要注意听老师对大家发言的分析评价，理解老师肯定或者否定某一观点的理由和思路，以加深自己对问题的认识。

总之，课堂讨论好处很多。同学们一定要珍惜讨论的机会，不做局外人、闭关自守，而是自觉参与到小组讨论或全班讨论之中。

03 做笔记是听课的重要环节

听课是获取知识的主要途径，要获取老师课堂上传授的知识，不仅要认真听讲，还要认真做好课堂笔记。可以毫不夸张地说，做课堂笔记是整个听课过程的重要环节，只有抓住了这个重要环节，才能有效地巩固课堂内容、提高听课效率。

星光大道

范晶晶 | 以637分考入北京大学元培计划班

湖北省文科第三名，曾获黄冈中学学习标兵

榜样之谈

现在，我的课堂笔记一本也找不到了，高考一结束就被我的弟弟妹妹们抢走了。

每个学期开始，除了给新书包书皮，我必定会做的一件事就是去挑几本自己喜欢的本子，作为我专属的各科笔记本。平时，翻翻各个时期的笔记本，看着自己笔记慢慢地成熟，有时候甚至会“跳”出错误来，这些对我而言都是很有成就感的事。

随着记笔记习惯的养成，我的其他能力也得到了提升。比如，我的写字速度特别快；我的短暂记忆特别牢固，一整段话，老师说完，我不仅能够记录下来，还能完整地复述一遍。

另外，为了提升记笔记的速度，我还给很多常见符号赋予了其他意义。比如，数学中常用的e.g（例如）、cf（比较）、n.d.（重要点）、∵（因为）、∴（所以）等。此外，同学们最好用不同的标记标注出自己的理解程度，不懂的或者掌握得不牢的内容，课下记得立即吃透，坚持“当堂知识当堂消化”这一原则，这样复习时就会轻松很多。

高效学法

平时，我们不难发现，有的同学上课注意力不集中，老是走神，不能紧跟老师的讲课思路；有的同学上课专心听讲，注意力很集中，老师讲的东西都听懂了，可是一到课后好多东西又都忘记了。一本优秀的课堂笔记所记录的往往是一堂课的重点、难点和疑点，如果能适当地做好课堂笔记，就有利于同学们提高听课的效果和学习的效率。

1. 记笔记能够使我们在听课时保持一定的紧张度，把注意力集中到课堂上，保证自己紧跟老师的讲课思路。

2. 老师在讲课中讲到的一些课本上没有的东西，如课文的中心思想、写作方法、解题思路和方法技巧、学习经验总结、典型的事例（题例）等，把它们记下来，不仅能增加知识积累，更有助于总结提高自己的学习方法。

3. 通过记课堂笔记，能将课本上丰富、复杂的学习内容提纲挈领地串联起来，不仅能帮助我们理解、巩固课本知识，还有利于促进我们整理自己的学习思路，更好地复习总结，掌握学习内容。

4. 一本好的课堂笔记，是高度浓缩的课堂知识精华，可以让我们在记笔记的过程中将课本内容读薄，减少了机械记忆量，易于记忆和掌握。

由此可见，做笔记就是听课的一个组成部分，而且是关键部分。做课堂笔记是课堂学习的好方法，它可以帮助我们全面系统地掌握知识，为课后复习巩固做好准备。记课堂笔记还可以帮助我们集中注意力，聚精会神地听好课。实践证明，一些成绩优秀的学生都有记笔记的习惯。

04 课堂笔记到底要记什么

课堂笔记要记什么？这是同学们记好笔记的最基本也是最关键的问题。有些同学就是没有搞明白这个问题，一堂课下来，洋洋洒洒记了不少，但哪些是重点却懵懵懂懂，使课堂笔记失去了它应有的作用。

星光大道

张超 | 2004年保送北京大学

曾获全国高中数学联合竞赛一等奖、中国数学奥林匹克三等奖

榜样之谈

说起我的学习窍门，可能有点老套，就是上课认真听讲。同时，我比较注重记课堂笔记。在同学眼中，我的笔记与其说是“课堂记录”，不如说是一本“百科全书”。大家很喜欢借我的笔记去看。有时我会想：自己的笔记究竟好在哪里？可能是我比较善于抓住老师一笔带过的内容，记录下来。在我看来，除了一些基础内容、重要知识点外，老师上课讲的题外话也很重要，它会影响学生综合素质的发展。另外，在课后我会把一些课

外阅读的内容补充到笔记中去。

高效学法

同学们要有选择地记笔记，做到重点突出、详略得当。一般来说，课堂笔记要着重记下面这些内容：

1. 记提纲。记下老师的讲课提纲（或板书内容），可以帮助我们理清老师的讲课脉络，从而更好地把握所学内容。

2. 记思路。思路就像航海时的航标灯，有了思路，我们自然也就有了前进的路线和方向。比如，我们在记录难题时就应该把思路记得详细些，以方便以后的复习和思考。

3. 记重点。讲课时，老师一般都会把重要内容框出、画出，或者用彩色笔写出以引起我们的注意。明确了重点，我们的记录就能详略得当，泾渭分明。

4. 记补充。在教学过程中，老师经常会补充某些例题或恰当的比喻来引入概念，突破难点。有的会让我们恍然大悟，有的则会让我们回味无穷。记下老师补充的内容，用到的时候就可以信手拈来。

5. 记感悟。感悟分很多层次，可以从学习每段内容的体会开始，有则多写，无则少写，然后对有关方法进行归纳总结，并进行点评、回顾。

6. 记问题。把课堂上没有听懂的知识记下来，以便课后把它弄清楚。

总之，记笔记以不能影响听课、思考、理解为前提。有些同学认为，不管懂不懂，先记下来，等课后再慢慢思考理解、消化吸收。一旦有了这种想法，上课脑筋不大动，拼命记笔记；下课看着笔记上好几页的问题，再想一个个弄懂，时间和精力又不允许了，最后势必影响学习效果。

05 听课流程也需要安排

一节课45分钟，一天好几节课，同学们要想每节课自始至终紧张、专注地听讲，进行高效的记忆，说实话也很难。很多同学在一开始上课时还能集中精力，可往往上到一半就开始走神，结果，老师较为深入的分析和讲解都没有认真听到，导致最重要、最关键的知识没有记住。

星光大道

林会林 | 2010年保送清华大学

曾获市级“三好学生”“优秀班干部”称号

榜样之谈

以前，我听课遇到不懂的地方，总是急于马上弄懂。但是，当我还在思索这个问题时，老师却按教学进度继续往下讲了。经常是下面的内容我没有听进去，只得下课后自己去啃。这样做常常是事倍功半，甚至劳而无功。后来，我改变了听课的流程：听课遇到疑难时，就在书上做个记号，继续听课。这些疑难有时会在听课中茅塞顿开；如果仍未弄懂，就课后思考；课后钻研仍无法解决，再和同学讨论或请教老师，直到弄懂为止。

高效学法

听课时不能忽视开头和结尾，中间时段也不可走马观花。我们需要学会总结老师讲课过程中的各个环节与流程，不用那么紧绷神经，可以用轻松的心态去听讲，做到张弛有度，从容高效。45分钟的听课流程可以大体分成三个时间段：

1. 起始时段

此时段大约是七八分钟。老师一般根据本节课要讲内容的提要，复习上节课的主要内容，为本节课做知识准备。在这个时段内，同学们应根据这一时段的特点，在复习之前的内容时，调整注意力与状态，轻松跟随老师的思路；要明确老师的教学目的，注意哪些内容可能会跟下面的重点、疑难点有密切关联，从而顺利进入下一阶段。

2. 高潮时段

本时段约25~30分钟。老师将从知识的“点”开始，从点到线再到面地阐述和讲解本课的主要内容、疑难之处，同时用板书或口述的方式并结合例题，把对知识的具体运用演示在具体的题目上。这时，同学们应当以最佳的状态、最敏捷的思维，活跃地理解与记忆老师所讲解的内容，充分体会前后知识的关联，将主要知识点与一般内容区分开来，并要特别专注于听疑难之处。

3. 收尾时段

本时段约为10分钟。这时候老师一般会对本课内容进行总结，然后对下一堂课做一些铺垫和引导，并布置一些课后任务。

[第二章]

掌握解题方法，提升解题能力

黄冈中学强调对学生解题能力的培养，并配备了专门的、专业的题库，给学生创造了良好的练习环境。在现行的考试制度下，解题能力决定着同学们的学习水平和综合素质。所以，我们的当务之急是要尽快提高自己的解题能力，像黄冈学子一样成为一名解题高手。

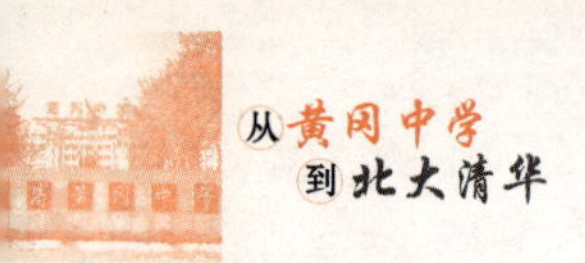

06 “题海战术”使不得

中国“数学之王”苏步青教授在学生时代曾经做过一万道微积分的题目，他认为，要真正学到知识，一定量的重复是必要的。知识的掌握，需要练习的积累。尤其是数理化，做题可以使成绩大大提高。因为不达到一定数量的练习积累，就很难摸清这些知识的规律，难以形成理性的认识。但是，做题不是我们的目的，而是我们提高成绩的手段，如果认为学习就是做题，那就会陷入毫无意义的题海之中。

星光大道

张焱斌 | 2007年考入北京大学

曾获中国奥林匹克数学竞赛一等奖

榜样之谈

我能拿到奥数第一名的成绩，不是成千上万本习题集堆积出来的。

从小学开始，我就对数学非常有兴趣，但成绩并不是最优秀的。直到进入高中，老师鼓励我加入数学奥林匹克竞赛班，我才对数学有了新的认识。

起初，学会了老师在课堂上教的解题方法，我兴奋极了，而后沉迷到了题海之中。可是，每周的测验考成绩，我的数学分数没有丝毫提升，这深深地打击了我，我不得不向老师求助。听完我的讲述，老师告诉我，在我之前，很多学长也有过同样的问题：学会了一种方法，就反复地做题，虽然每一道题都解出来了，可是到头来终究是只学会了一道题。所以，像我这样盲目地陷入“题海战术”，追求数量、忽视质量是不可取的。

在这里，我向每一位同学呼吁，不论成绩好坏，只要愿意下工夫，方法得当，并且全身心投入，一定可以获得理想的成绩。

高效学法

著名数学家欧文为了求出谷神星的运行轨道，整整花了3年的时间，最后得出了结果，却把眼睛累瞎了。而另一位数学家高斯，在创立一种12次方程式的计算方法后，仅用了1小时的时间，就求出了和欧文同样的结果。这让人们非常惊讶。高斯轻松地解释道：“这一点并不奇怪，要是我也陷入如大海一般的数据之中，埋头苦思，不变换计算方法，我的眼睛也会瞎的。”由此可见，方法是何等重要！

具体来说，同学们可以这样做：

1. 做精题

有句老话说得好：“做精题‘以一当十’，做糟题‘十不当一’。”什么是“做精题”？即勿滥做题，方法有两个：一是做题时要选择典型的、有代表性的题来做，题型最好相对全面一些，甚至包括好几个知识点。比如，课本上的例题往往比较全面，具有代表性，大家可以通过多做课本例题，对其加深理解。二是解题方法上要有代表性。埋头苦做，这种无效率的机械劳动，只会搞得自己身心疲惫。

2. 精做题

什么是“精做题”？就是拿到一道题后，不要机械地先写上“解”“证明”。而是要先在大脑中思考，再在演草纸上仔细运算。平时做作业、测试，我们的最终目的不是为了得到答案，而是在巩固知识的基础上，建立自己专属的解题方法库，因此，我们要善于拓展和总结，举一反三。

07 积极寻求解题思路

解题思路是解题的指导思想，是做对题目的首要条件。思路对了，那么这道题目也就能迎刃而解了。所以同学们在做题时，首先要学会积极地寻求解题思路，这其实就是一种最基本的解题能力。

星光大道

涂珂 | 2011年保送清华大学

榜样之谈

我寻找解题思路的方法是：先认真读题，弄清楚已知是什么、未知是什么。在读已知条件时，有些“条件反射性”的结论在读题的时候可能就随之产生了。而在读完题目后，已知条件在大脑里面应该已经有了大致轮廓，就可以开始思考这样一些问题：未知可以跟已知直接发生联系吗？如果不能，请思考要解决问题还缺少什么量？缺少的这个量可以由已知条件直接导出吗？如果不能，需要对已知条件做怎样的处理？或者还需要借助于哪些已知的定理和公式来解决？在考试的过程中，如果这一切都尝试过后还没有思路，就要先放一放。但是，如果是在平常的解题过程中，则需要再回头审题，直至寻求到思路为止。

高效学法

乔治·波利亚是美籍匈牙利数学家、教育学家，他十分重视解题思路在数学学习中的重要作用。通过数十年如一日对解题方法的研究，他发现：明确的解题思路是获得答案的关键。因此，他将自己的研究结果概括成一张“解题表”（如下图）。

1. 弄清问题	（1）已知是什么？未知是什么？ （2）条件是什么？结论是什么？ （3）画个草图，引入适当的符号。
2. 拟定计划	（1）见过这道题或者与之类似的题吗？ （2）能联想起有关的定理或者公式吗？ （3）再看看未知数。 （4）换个方式来叙述这道题。 （5）回到定义看看。 （6）先解决一个特例试试。 （7）这个问题的一般形式是什么？ （8）先解决问题的一部分。 （9）检查全部条件都利用上了吗？
3. 实行计划	（1）实现上述制定的解题计划，检查每一个步骤。 （2）证明每一个步骤都是正确的。
4. 回顾	（1）检查结果并检验其正确性。 （2）换个方式解决此问题。 （3）尝试把刚刚的运算方式运用到其他问题上去。

这张解题表看似简单，实际上给出了一套解决数学问题的一般方法与模式，为我们解决问题指明了方向，相信它会对我们的数学学习有所启迪。

08 建立独门解题秘籍

一分耕耘一分收获。我们只有踏踏实实地去进行各种题型的解答实践，边做题边总结，不断加深认识，掌握规律，形成一套系统的思考方式和专属的解题方法，这样才能提高解题的速度和能力，从而在考场上赢得时间，赢得胜利。

星光大道

陈坤 | 2008考入中国科技大学

2012年因在数学系综合排名第一，获“郭沫若奖学金”；现已被美国加州大学伯克利分校录取为研究生，每年享有5.2万美元的全额奖学金

榜样之谈

考试会让我兴奋，但我从来不会在考试之前熬夜苦读，因为对于数学而言，临时抱佛脚是没有意义的。除此之外，我认为每位同学都应该总结自己最擅长的解题方法，这肯定不是在给自己找麻烦。因为刻意地训练自己掌握和运用知识点的方法，通过不断地练习巩固，可以在大脑里形成专门的解题程序，从而轻松解题。

解题方法是必须有的，关键是要适合自己！我个人比较喜欢在草纸上画图表。如果这道题带着图，我就照图做题；如果没带图，我就自己画。因为画图可以辅助我理解问题。我按照题目要求画出来，不管是示意图还是比例图，它更明确、准确。需要注意的一点是，虽然是草图，但还是越精确越好，不然就是给自己添乱了。

高效学法

美国加利福尼亚大学奥尔布雷克特教授总结了七种高效的解题法，随后的研究证明，这套解题方法不仅能够提高解题速度，而且能够提高学生的思维能力。其中，图表解析法与陈坤同学的画图表法几乎相同，即按照题意画出适合的图形、略图、比例图，或者是表格、图解等，然后借助图表使问题变得明朗化、具体化，从而帮助同学们思考和简化问题。

例如：一一、二二、三三、四四、五五是好朋友。其中四位分别开设了水果店、理发店、肉店、酒店，另外一个是公司职员。现在已知三三和四四开的不是水果店；一一和四四开的也不是酒店；三三和五五住在同一幢大楼，公司员工是他们的邻居；三三和理发店店主的妹妹结婚时，二二参加了它们的婚礼；一一和三三经常约肉店店主和水果店店主打牌；四四和五五每隔20天会到理发店去玩，但公司职员从来不去理发店。请问，这五个人各自的职业是什么？

分析：此题关系复杂，信息量大，且暗示性的话语很多。如果用表格来表示，题干就变得一目了然。

图表：（×表示不是；√表示是；◎表示空）

	水果店主	理发店主	肉店主	酒店主	公司职员
一一	×	√	×	×	◎
二二	◎	×	◎	◎	√
三三	×	×	×	√	×
四四	×	×	√	×	×
五五	√	×	◎	◎	◎

做题时，同学们千万不要被庞大的题干吓倒。我们可以一边画图，一边分解题干，使复杂、枯燥的问题变得简单、有趣，从而轻松解答出来。

09 利用做作业巩固所学知识

同学们每天都会在学校里接受大量的新知识，每天的课后作业就是解题。做作业是消化新知识的重要方法，使当天掌握的新知识当天巩固，并进入应用的过程。由此可见，成为解题高手的第一步，就是把作业完成好，知识巩固牢！

星光大道

程陈 | 以665分考入清华大学计算机系

以全县第五的成绩考入黄冈中学，打破母校30年无一人考入黄冈中学的纪录

榜样之谈

我是一个狂妄的人，尤其是高一、高二，我玩得很开心，但面对即将来临的高三，我惆怅了。如果按照以前的学习模式，我肯定会遭遇高考失败的结局。但是，我还是想在高考中鲤鱼跃龙门，考一个好成绩出来！

通过留心班里优等生的学习状态，我发现了自己成绩出问题的原因。

从前，我比较贪玩，虽然上课的时候很认真，但对待作业比较敷衍。那时候，我狂妄地认定，下课时间就是留给游戏的。其实，老师布置的作业，都是根据教学要求和大部分同学的实际水平安排的，作业做对了，就意味着今天所学的知识基本上掌握了。原来，我错过了重要的巩固知识、提高解题能力的一步。

后来，我发现问题就立刻修正，再也不是敷衍地完成作业，也没有跟其他伙伴商量着做作业。如果遇到难题，我也不会翻参考书或者去问别的同学，而是尝试着独立思考、独立完成作业。遇到不会的、做错的，我就特别留心，等老师讲解过后，我会再重新做一遍，或者找类似的题目做一次。

我最深刻的感受就是：无论如何，不要抄袭其他同学的作业，这不仅是一种不负责任的态度，到头来还会落得一个自己害自己的下场。

高效学法

那么，我们怎么才能既有效又快速地把作业做好呢？具体来说，同学们可以按照程陈同学总结的“三步走”进行：

第一步，及时完成

当天作业当天完成，对同学们而言这是最基本的要求，也是巩固知识点的重要步骤。老师当天教的内容留给同学们的印象会比较深刻，趁热打铁，做起作业来自然会顺利得多；相反，如果时间间隔太久，印象就没有那么深刻了，做题错误率就会上升。另外，今天的作业完不成，第二天新课就很有可能听不懂。总之，按时完成作业是掌握新知识、提高做题能力和速度的基础。

第二步，独立完成

作业一定要通过自己多次反复思考，独立完成。尽管有些题目会比较麻烦，绞尽脑汁有可能还解不出来，虽然最后答案没有得出，但我们解题的能力却在慢慢提升，这才是我们的目的。值得注意的是，独立完成不包括有问题不问，让问题越积越多；向老师和同学请教时，求的是方法而不是答案。

第三步，认真改错

作业本发下来，你首先关注的是分数吗？其实，你把重点放在那里是错误的！首先，针对一开始就做错的题，看看是什么原因导致的，是粗心大意、思路不清晰，还是步骤缺失。其次，认真改错，并将错题分门别类地整理汇集起来。这里有一个改错口诀：分析原因，越细越好；立即改错，越快越好；妥善保管，越齐越好。

10 巧妙做题，提高综合解题能力

高中的题目一般有三种类型：基础题、高考题和竞赛题。经过黄冈中学资深教育专家董德松先生和一批长期工作在教学一线的特高级教师的分析和总结，同学们最理想的做题结构应该是：基础题最多，高考题次之，竞赛题再次之。因此，同学们做题的原则应该是从低到高，对自己准确定位。

星光大道

程希明 | 2007年保送中国科学技术大学

曾荣获全国高中数学联赛一等奖

榜样之谈

考试对我而言是一个阶段的总结，不是灾难！没有必要恐惧考试，试题并不是决定我们命运的“判官”。随着考试次数的增加，我会慢慢形成答题技巧。到最后，我往往可以不用对题目过多分析，只需要大致读完，就可以轻松得出答案。这正是通过一定量的做题才达到的水平。

另外，我不会把时间浪费在难题上。平时的学习时间，我会把重点放在巩固基础性的题目上，当我感觉掌握牢固了，才会分配一部分时间给难题。我很喜欢分享，分享我的解题方法，同时也听听大家的做题窍门。考试的时候，我们更应该珍惜时间，中间的难题做不出来，就先跳过，最后一道大题，尽力而为。通过这种做题原则，我拿到了数学联赛第一名。

高效学法

同学们要记住：做题要的是质量，而不是单纯的数量。所以，在平时同学们就应该注重做题效果，这样才能百战百胜。具体来说，大家可以按照以下三个步骤做起：

1. 定位

把自己在班级内的名次作为参考标准，根据所在学校的历年升学率，以及平时对知识点的掌握，确定自己该把重点放在哪个层次的题目上。

2. 选择

根据自己的不足，练习基础题，给自己打下雄厚的基础。打下山基，再拔高。在时间允许的情况下，选择性地练习高考题、竞赛题，扩大自己的优势。其中，数学和物理竞赛的内容远高于高考题的水平，外语竞赛则强调听力、口语、扩大词汇量等方面，这三科的竞赛对于高考能力的提升帮助不大。只有化学的竞赛贴近高考题，对高考大有好处。

3. 实践

应试教育下，做题的目的是为了提升“题感”，帮助我们提高应试技巧。也就是，不管在高考中遇到什么样的题型，大体都能运用相应的知识点来解决。

[第三章]

强化知识记忆，轻松获取高分

黄冈中学的老师都有一个撒手锏，就是通过学习实践，总结出帮助学生快速掌握知识的方法。这些方法既能帮助同学们解决对某个具体知识点的记忆问题，又能调节枯燥的学习气氛，调动学习积极性。因个人条件不同，选取的方法也不同。所以，我们在选用记忆方法时要有所选择，从而解决自己学习上的实际问题。

11 从理解概念开始学好数学

数学是“学问的基础”，为我国古代“六艺”之一，亦被古希腊学者视为哲学的起点，今天数学更是拉开考试成绩的重要科目，由此可见，学好数学有多么重要！学习数学就是要学会通过逻辑推理或运算来沟通问题的假设条件和结论，而其基础就是要充分并恰当地借助有关数学的重要定理、公式、法则和基本例题。只有概念清晰，定理和公式、法则熟悉，才有正确的思维基础，才能形成推理论证的能力和运算的技能技巧。

星光大道

李龙飞 | 2007年保送中国人民大学

曾获全国高中数学联赛一等奖

榜样之谈

我感觉我真的做了好多题！

起初觉得没完没了地做题真是一件让人头疼的事，后来发现，其中的好处大极了！最重要的一点就是，我慢慢总结出一套特别适合自己的做题方法。我做题分四步：第一步，分析已知是什么，求什么；第二步，找出所有等量关系；第三步，把题目中的已知量、未知量带入等量关系中，整理；第四步，写出过程，检验。

这个方法非常适合做应用类的题型。这种题型相信大家再熟悉不过了，小学和初中考得最多，高中虽然少了，但我的老师告诉我，凡是解应用类题型能力强的同学，普遍列函数解析式和曲线方程的能力也强。

我的方法是最基础的，但我觉得基础才是关键，希望对大家有所帮助。

高效学法

从很多优秀生的经验中可以看出，他们都很重视数学的基础。原理、概念、公式、例题，这些看似很简单、很抽象的东西，构成了数学学习最根本的东西。根基不牢固，学好数学是不可能的。因此，正确记忆和理解数学概念是掌握数学基础知识的前提。具体来说，李龙飞同学是按照以下三个步骤理解和记忆数学概念的：

1. 机械抄写

所谓“机械抄写”，是为了在抄写的过程中强化自己对概念的熟悉，这样有利于对下一步的思考。然后再尝试“自己证明”这一概念，这会进一步增强自己对概念或者定理的信任度，那时自己在心里会想到：这个概念的含义果然很完美，或这个定理果然很有用。这样，在解题的时候你就会乐于用它，同时自己在证明的过程中还会发现一些问题。对课本上的内容有自己的体会，这也有助于对问题的理解。

2. 做题运用

这个阶段很关键，做题的过程是一个检验自己的过程，同时也是一个重新学习的过程，对概念和公式的记忆都是通过做题这个阶段来完成的。

3. 总结检查

做题的目的不是为了完成任务，也不是单纯为了做题，而是为了真正意义上的掌握、理解。因此，做完题目以后一定要认真总结，对于已经熟练掌握的知识点要心中有数，能举一反三，以后遇到同一类型问题就不会花费太多的时间和精力了。

我们要不厌其烦地学习，既不要认为概念很抽象，不易理解，就干脆把它放过去，也不要认为它很容易懂，而不去深入理解。

12 多读多记，攻克文言文

因为文言不常用，很难培养语感，所以文言文学习是很多同学的一个难点。黄冈中学优秀教师来秋元老师在总结自己二十多年的教学经验时，说："至少有一半同学会在文言文上失利！"为什么文言文的学习对同学们而言如此困难？我们又该怎样掌握文言文学习的技巧呢？

星光大道

李嫱 | 2003考入北京大学元培实验理科班

曾获湖北省中学生学科竞赛语文二等奖、英语一等奖

榜样之谈

我很少在文言文题型上失分。

相信大家应该跟我差不多，刚开始从唐诗宋词过渡到文言文的时候，着实被文言文中的实词、虚词难为坏了。

后来，我们的语文老师说，记忆文言实词可以结合成语，仔细一看，还真是那么回事儿！文言文中有很多成语的出处。比如，"素不相识"和

《鸿门宴》中“素善留侯张良”，“素”为“素来”之意，成语记忆和实词词义是不是很容易就记住了。

当然，对于一词多义的另当别论，但只要我们在学习某类词汇时，适当地联想同类型的成语，那么或许大家对文言文的学习就能事半功倍。

高效学法

高中文言文考查的方向主要集中在实词、虚词用法，文言句式、内容理解上。在平时的学习中，我们不仅要注意分类总结，还要掌握一定的技巧。其实，只要多读多记多积累方法，就能轻松克服文言文这一难题。

1. 筛选法

先将古今汉语一致的地方画出来，对译比较容易理解的内容；然后将与现代汉语无法对译或不需要翻译的地方圈起来，逐步筛选；之后，完全不懂的地方就突出来了，我们也就抓住了全文翻译的难点。

2. 推测法

将筛选出来的难点放到原句中去揣测，在人物传记的文章中要了解作者针对的是哪一个人物，哪一桩事件，这样就可根据上下文的语境大致推断出它的基本含义。

3. 协调法

在文章整体内容大致清楚的基础上，还要注意文章前后的协调和语句的通顺流畅，使古文与现代文能保持一致，加深对古文内容的理解。

学习文言文最重要的是不要对它有恐惧心理，只要掌握了方法，你会发现，其实文言文并没有你想象中的那么难。

13 学英语需要巧记忆

中国式的英语学习基本上是背出来的。对于学生而言，通过对单词和课文的朗读、背诵可以增强语感，随着语感的不断增加，对英语语法概念以及对规律的理解和记忆，自然就会不断加深。因此，不管是单词还是文章，我们必须强调记忆的重要性。

星光大道

黄铃 | 2011年保送北京大学

榜样之谈

我肯定不是传说中过目不忘的天才学生。

虽然我的英语成绩很好，可是连我也觉得记忆单词、语法等挺难的，尤其是上课老师说给多少时间记忆，或者下课把记单词当作业，所以我反对刻意地在特定时间内记单词。我的亲身经验就是做理科题做累了背一点儿，上厕所的时候背一点儿，甚至是吃饭路上、回寝室的路上背一点儿。

另外，我特别喜欢看外国原声电影，甚至还有些自恋地模仿主人公的对话，这个习惯使我记住了很多经典台词，比如《乱世佳人》中的

"Tomorrow is another day"（明天又是崭新的一天），《律政俏佳人》中的"One honest voice can be louder than a crowd"（一个诚实的声音胜过千言万语），《教父》中的"Keep your friends close, but your enemies closer"（要亲近你的朋友，更要亲近你的敌人）……这些都是我英语作文出彩的地方。

高效学法

其实，学习英语最难的就是记忆大量的单词，但越是难题越有方法可循。这里提供几个同学们常用的方法，大家可以在各种方法之间来回切换，以找到最合适的方法。最重要的还是大家掌握其中的规律，创造出最适合自己的记忆方法。

1. 巧记特殊名词复数

名词复数变f或fe为ves：thief，wife，knife，wolf，half，life，shelf，leaf，loaf。"一个贼和他的妻子逃跑的路上遇到一匹狼，情急之下用刀把它切成两半，保住了性命，一场虚惊后，他们把狼藏在架子上，用叶子盖起来，然后吃了一块面包。"

名词复数变f为fs：gulf，roof，serf，belief，proof，chief。"海湾屋顶上有一个农夫，信仰很多，经过努力，最后都一一证实，当上了一方首领。"

2. 一句话记9个词

比如，如何记忆八大行星："My very educated mother just served us nine pickles.（我非常有教养的母亲给我们端来了九片泡菜。）"这句话的前八个单词首字母都代表了一个行星的首字母：Mercury（水星）、Venus（金星）、Earth（地球）、Mars（火星）、Jupiter（木星）、Saturn

（土星）、Uranus（天王星）、Neptune（海王星）。

3. 介词图形学习法

这个方法特别适合介词记忆，用图形帮助自己记忆是个比较省时省力的好方法。

（1）B is in the east of A.　C is on the east of D.

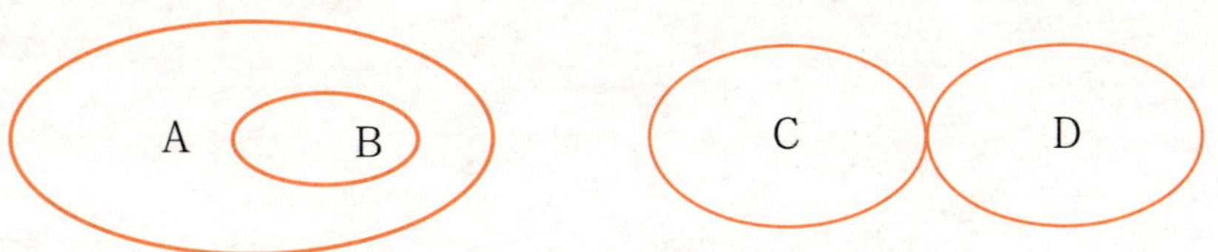

（2）On、under、above、over、below、up的辨别：

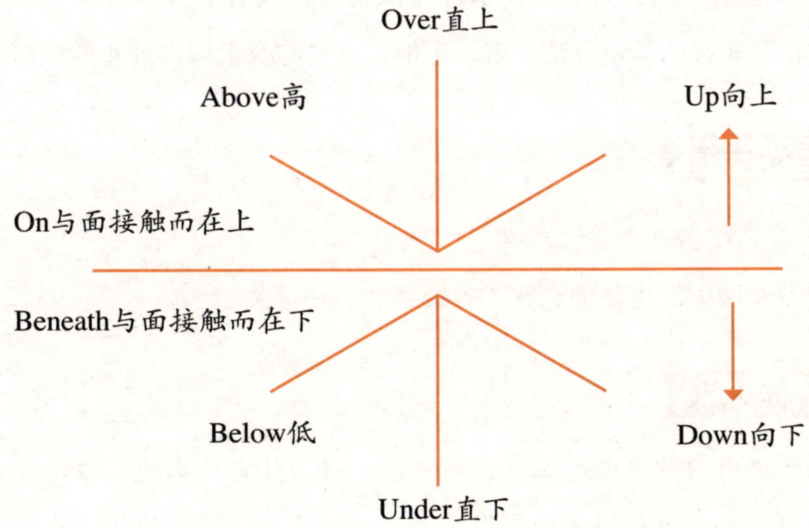

除了背诵课文和单词之外，还可以找些中等难度的短文来背诵，积累多了，对英语的语言习惯就会熟悉起来，语感也就培养起来了。

14 善用结合记忆法学理综

实际上，理科综合就是物理、化学和生物的结合，每一个单一的学科都是我们学过的。黄冈中学的来秋元老师发现，一旦将这三门学科结合起来，很多同学会感觉到陌生，掌握知识就变得没有那么得心应手。其实，只要掌握了正确的学习方法，就一定能在理科综合上取得理想的成绩。

星光大道

李洋 | 2007年保送清华大学

曾获全国中学生物理竞赛（省级赛区）一等奖

榜样之谈

倒啤酒时为什么会产生大量的泡沫？盐为什么是咸的？为什么有的同学长得像妈妈，有的同学长得像爸爸？……其实，理综的学习非常有趣，不要把它想得太难。

我有一个习惯，随处举例子，我把学到的每个知识点都放到生活中来，然后我知道为什么刮风的时候我走不动，为什么一氧化碳会让人中毒，为什么要用木棍来救触电的人……衣食住行，处处都体现着理综的奇妙和趣味，一来二去，你会越来越喜欢学习。

高效学法

理科或文科综合考试被称为“跨学科”考试，找到三科之间可以“跨”的地方，是学好、考好它们的关键。经过黄冈中学老师和同学们的总结，大家一致认为，结合法是不错的方法。下面画图示范：

1. 化学与物理的结合

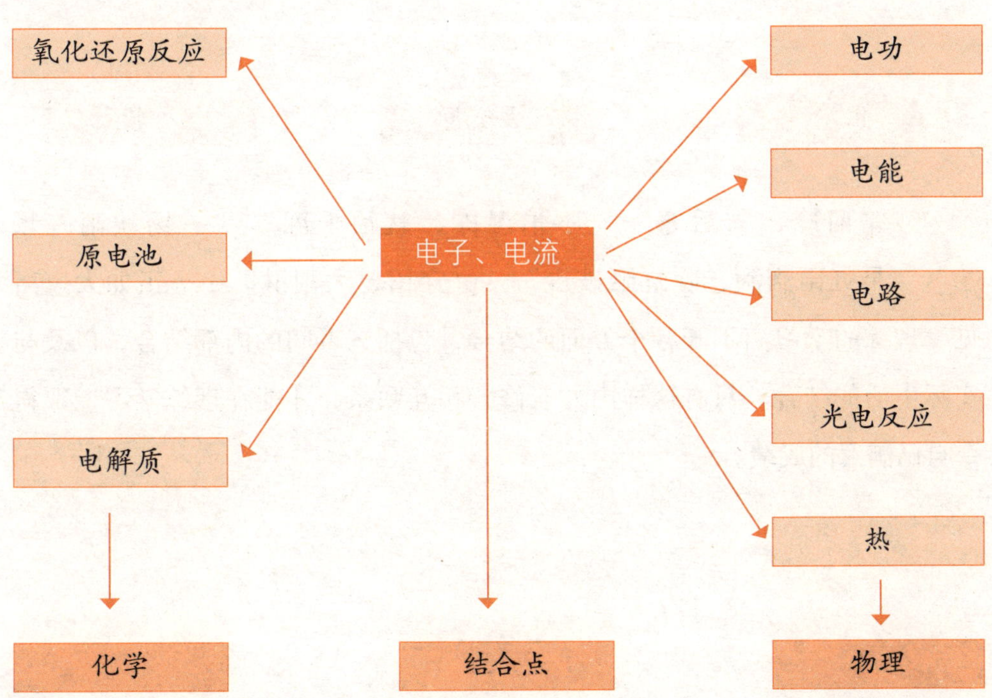

2. 化学与生物的结合

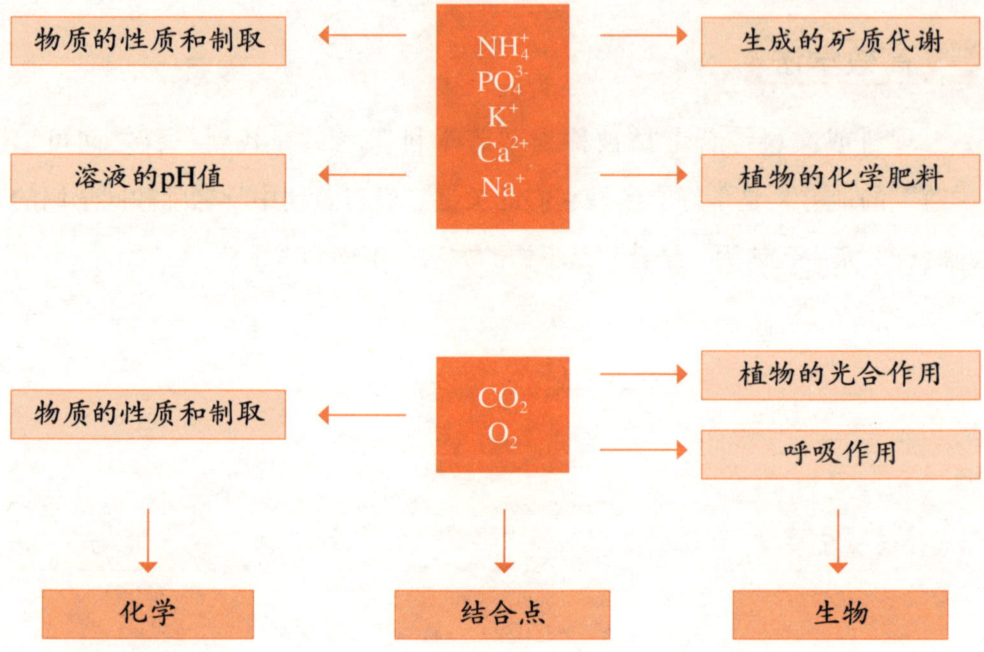

“霜前冷，雪后寒”“不怕湿冻，就怕干冻”“一场秋雨一场寒”“早虹雨滴滴，晚虹晒破皮”“缸穿裙，大雨淋”……正如大家所见，理综的学习离不开各个方面的结合，包括三者间的内部结合，以及与实际生活的结合。只有这样内外兼修，相互联系，才能在理综学习上取得令自己满意的成绩。

15 把文综与理科串联起来

对于很多同学而言，文综学习的一个难点就是如何记忆并且理清各知识点之间的关系。比如，在政治课中，社会必要劳动时间与单位商品价值量的关系；在历史课中，最常见的时间、地点、人物、事件经过、事件结果、影响；在地理课中，各种时间计算、太阳高度计算、昼夜长短计算等。这些知识都跟理科的知识有着或多或少的联系。所以，我们学习文综千万不要孤立进行，要善于联系，将知识点串联起来记忆。

星光大道

王伟 | 2011年保送北京大学

高中连年荣获市级“三好学生”“优秀学生干部”称号

榜样之谈

谈起文综考试，我最害怕的就是历史考试。

以前，害怕历史的程度简直发展到连看到历史老师都要哆嗦了。总觉得不管古代史还是近代史，这其中的关系我根本理不清楚，就算记住了，一旦碰到阅读题也是干瞪眼。

你说我的记忆力不好，可我的政治和地理成绩又非常理想。后来，我跟班主任一遍一遍地沟通，才发现是我对各知识点之间关系的理解不到位。从这之后，我根据参考书的提示，把中国古代史、世界近代史、中国近代史这三个类别进行重新分类，在我脑海里一一登记了它们的关系。起初，这非常非常难，总是忘记或者混淆，但我坚持一边记忆一边做题，最终效果非常明显。

如果你感到自己在文综某一科目的学习上非常吃力，不妨也反思一下，是不是在各知识点之间关系的记忆上有失误。

高效学法

如果同学们觉得文综学习很抽象，个别的地方既难懂又难记，还特别容易混淆，不妨将理科的知识运用其中，例如，数学的函数图、图表等。

1. 政治

社会必要劳动时间与单位商品价值量的关系：生产该商品所耗费的社会必要劳动时间越长，商品的价值量则越大，反之，则越小，两者成正比；个别劳动时间不决定商品价值量。其函数图像关系如下：

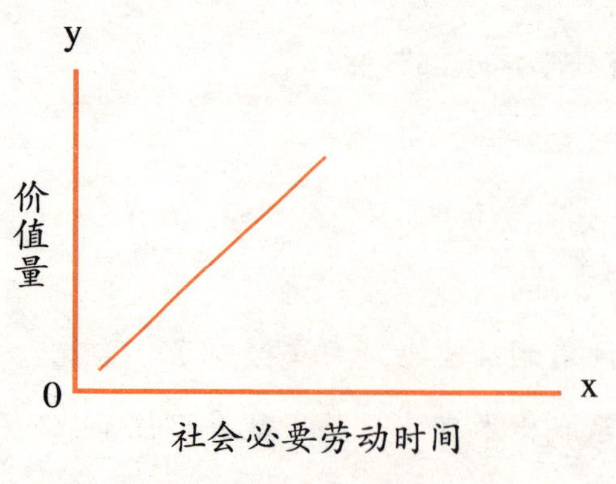

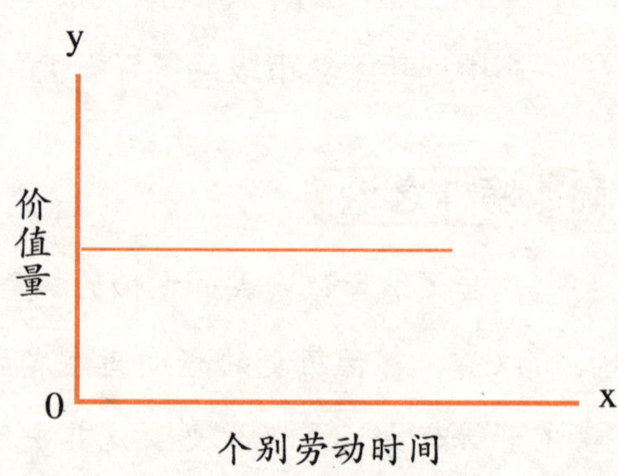

2. 历史

以中国近代史为例，从鸦片战争爆发开始，利用图表帮助记忆，具体图示如下：

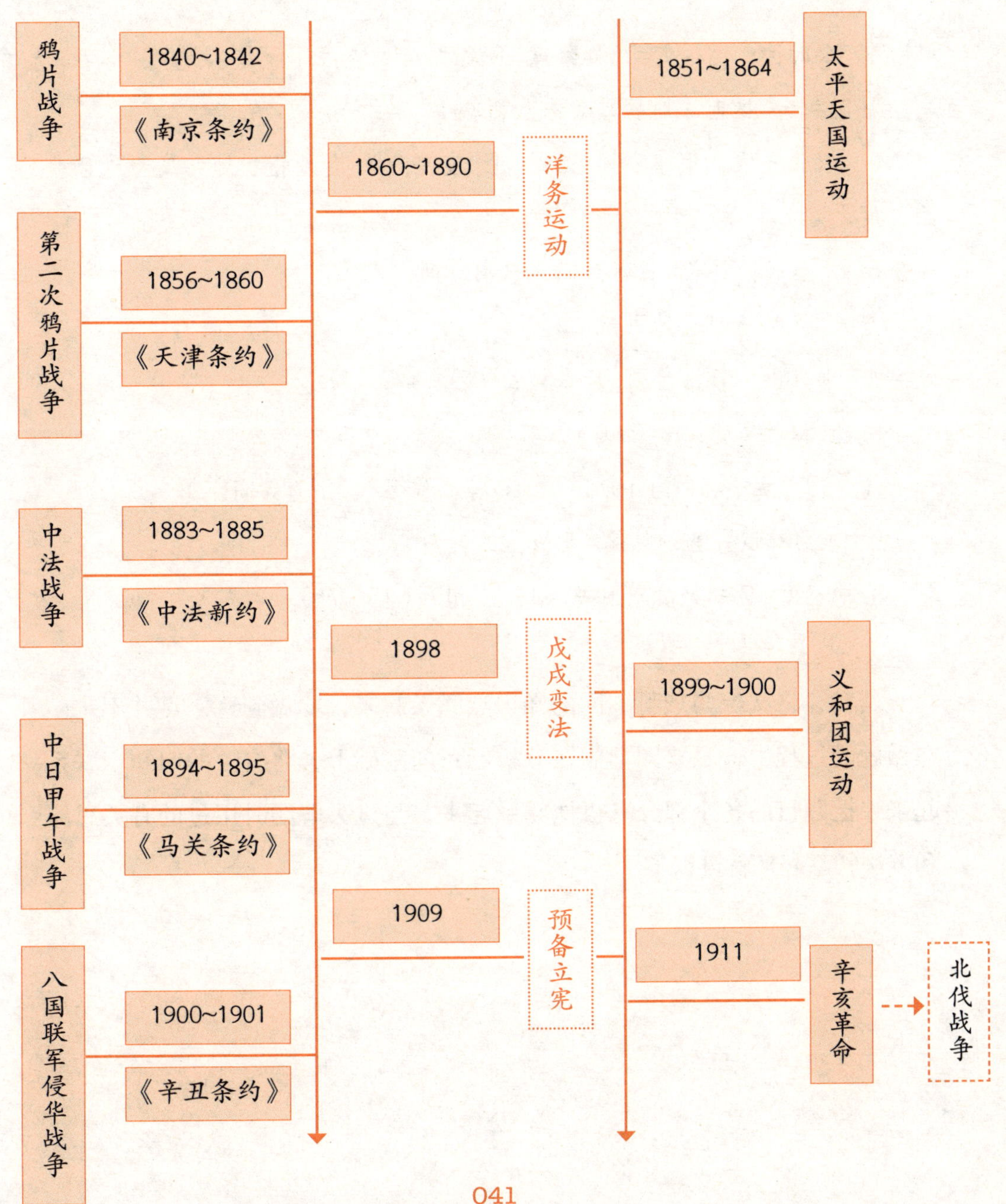

3. 地理

文科中的地理最像理科，但也没有想象中那么困难，只要我们记住公式并能熟练运用，比如：

1. 求时区：时区数=已知经度/15°

区时=已知区时±时区差（东加西减）

2. 求正午太阳高度：H=90° −|纬度差|（纬度差指当地纬度与太阳直射纬度之差）

3. 求昼长：昼长=日落时间－日出时间

昼长=（12－日出地方时）×2

4. 求日出：日出时刻=12－昼长 / 2

5. 求相对高度：H=T / 6° ×1000m

（n−1）≤H＜（n+1）d，（n为等高线条数，d为等高距）

6. 求经纬度：当地纬度=北极星的仰角

当地经度=已知经度±时差×1° / 4min（15° /h）

其实，将文综与理科不同的知识点联系起来，要做到这一点并不难。在做题的过程中，只要同学们在分析题目的基础上，将有关的旧知识联系起来，把题目的各个部分有机地联系起来，与过去解题时用过的有关思路和方法联系起来就可以了。

[第四章]

注重阅读，提升综合能力

阅读对于我们十分重要。黄冈中学一直坚持“读书育人”的宗旨，斥资300多万兴建图书馆，并每年跟进更新书籍。吕叔湘先生曾经说：“学习的成果百分之七十得益于课外。”但有的同学会抱怨：“课业压力那么繁重，我们根本没有时间和精力来阅读！”相信很多同学也有这方面的困扰，那就让我们看看黄冈中学的学子们是如何克服这些困难，自由阅读的。

16 让阅读成为一种爱好和习惯

读书是获取知识的主要途径，我们80%的知识是通过阅读获取的。事实上，即使同学们都在读书，但最终的效果也大不一样。有的同学可以从书中吸取很多有效的知识，并把它们运用到考场上；有的同学即使读过很多书，或者把课本读了很多遍，却没有收获或收获不大。这就是善于读书和不善于读书的区别，即是否具备阅读能力、能否掌握有效的读书方法。如果同学们能将阅读培养成自己的爱好和习惯，那么读书就会成为一种让人感觉很愉快的事，在这种心境下阅读，自然会事半功倍。

星光大道

欧阳雪颖 | 2008年考入美国斯坦福大学，并获全额奖学金

湖北省第一位获得斯坦福大学全额奖学金的应届高中毕业生

榜样之谈

阅读是我生命中不可缺少的一部分。小时候读书，多半是被逼迫的，因为爸爸一直坚持："读一本好书，可以影响人的一生。"现在理解了爸

爸的意思，还真的是这样：每当读到什么类型的书，就会幻想、立志自己成为那样的人。军人、科学家、老师、英雄等，这些全都是我崇拜、学习和模仿的角色。另外，就是一些老生常谈的东西了。阅读不仅可以使我们开阔视野，增长知识，培养良好的自学能力和阅读能力，还可以进一步巩固课内学到的各种知识，提高我们的认读水平和作文能力，乃至对于各科学习，都有极大的帮助。

高效学法

对于广大中学生来说，阅读与电视、电脑相比，显得十分枯燥无味。为此，的确有必要设法增加阅读的兴趣。预测阅读法就是一个能增加阅读兴趣的好方法。

所谓预测阅读法，就是对所学的课文不要忙着看到底，看过题目或开头之后，闭目静思一下，设想这个题目由自己来写，我们会怎样组织篇章结构、怎样论述，将自己的设想写下来。然后，再拿它与原文对照，看哪些地方不谋而合，哪些地方不同，相比之下，作者的写法有什么好处，或自己的见解有何独特之处。

这种阅读法是马江龙老师创造的。他认为：“这样既能印象较深地学到语文知识，又能锻炼学生的创造力，有益于智力的开发。”实践表明，预测阅读法的确是一种启发学生智力、训练学生阅读能力的好方法。

据说，著名科学家华罗庚先生年轻时看书就爱先看看书名，然后闭目静思这个题目到了自己手里应如何写。旅美学者李政道先生看书也爱先看开头和结尾，然后认真思考中间应如何写。他说，只有这样读书，才能消化“别人”，读出“自己”。

17 高效的厚薄读书法

厚薄读书法是一种读与删相结合的阅读方法，华罗庚先生很重视这种阅读方法。这种方法的优点在于在阅读过程中把求全与求精有机结合起来，既重视知识量的增加，又有利于知识质的提炼、深化，对阅读有着非常重要的指导意义。

星光大道

张弛 | 2010年保送北京大学

曾获全国数学奥林匹克竞赛二等奖

榜样之谈

当初，我读书可费劲了。每次跟我同学去图书馆，一想起当初那个场面，我就想笑。他们总开我玩笑，说我开的是驴车啊，看书怎么那么慢啊！我对这个问题也十分好奇。同样一本书，我看得比大家慢，而且慢很多！每次我看得正入神的时候，他们就忍不住调侃我："要不要给你一个放大镜啊！"可是，我这样做的效果也显而易见，一本书里的内容或者某个精彩的细节，我会比其他同学记得牢固、记得持久得多！

我有一个习惯：看书的时候一定会拿一支笔，有任何灵光闪现都会标记下来，就标记在书的空白边页上。这也是我为什么喜欢给大家推荐书，但是不愿意把我自己的书借给别人的原因。那些边边角角上的“痴人梦话”让同学看了去，该多害羞啊！

高效学法

张弛同学所用到的这种方法就是人们经常提到的厚薄读书法。这种阅读方法是数学家华罗庚发明的，一般分两步：

第一步，先把书“由薄读厚”。“由薄读厚”是学习、接受和记忆的过程，也是知识不断丰富、不断积累的过程。初读一本书，首先应该慢慢地、一点一点地读，不懂的地方要下工夫。比如每个生字都要查字典，每个不懂的句子都要进行仔细地分析，不懂的环节都要加上自己的注解，还要看一些参考书和有关资料。这样，所读的书就“由薄变厚”了。华罗庚说：“切不要以为‘会背会默，滚瓜烂熟’便是读懂书了。如果不逐步提高，不深入领会，那又与和尚念经有何差异呢！”

第二步，把书“由厚读薄”。“由厚读薄”指在对读物深入理解的基础上，经过自己的思考，把它加以归纳、综合、概括，抓住书中提纲挈领的部分和最本质的东西，使书本知识真正为自己所有。华罗庚认为，如果读书的时候，做不到“由厚到薄”，那么书读得越多越不好，因为那样的话很可能会堕入书海之中，不能自拔，那就变成书呆子或书橱了。

华罗庚曾解释说：“第一个阶段叫‘分解’，第二个阶段叫‘综合’。”华罗庚用事实证明，这种阅读的方法是效果惊人的。相信大家如果仿照他的做法，一定也可以取得惊人的效果！

18 科学有效的精细读书法

所谓精细读书法，是指通过反复熟读、仔细咀嚼、深入钻研、透彻理解、抓住精髓，使知识融会贯通的一种读书方法。

星光大道

殷小平 | 2005年保送北京大学

榜样之谈

关于阅读，我比较喜欢鲁迅先生的文字。因为我觉得他很深沉，他的讽刺都是深层次的，需要我们自己去想，而且，跟同学交流的时候，我们会发现，面对这种含蓄的讽刺，每个人的理解都是不同的，非常有意思。

在语文学习上，我觉得我们应该开阔视野，多看多读，这对于我们的写作、阅读能力的提高都有好处。在这里我推荐大家使用作家茅盾的精读法。即第一遍很快地把书读完，就像是在飞机上鸟瞰美景一样；第二遍要慢慢地读，注意章段结构；第三遍要细细地一段一段地读，领会、运用，这时要注意到它的炼字炼句。将书读了三遍之后，我们也就慢慢地理解书中所讲述的内容了。

高效学法

无独有偶，以高分考取北京大学的谭曙光同学采用的也是精细读书法，他称之为“读书五法”，靠这种方法，他在学习上游刃有余，轻松到达成功的彼岸。“读书五遍法”具体如下：

第一遍：在课前对老师将要讲解的课文粗粗地看一遍，大致了解一下知识内容，不必逐字逐句地理解课文。

第二遍：课后，对老师讲过的内容翻书复习一遍。这一次，不同之前，要认认真真地看，力求在听课的基础上把内容吃透，掌握概念定理的推理运用。

第三遍：当课本的一个单元或章节讲完之后，从头到尾仔仔细细地看一遍，加深对概念定义的理解和掌握。注意，不要因为对知识已经有一定的了解而打马虎眼，匆匆而过。

第四遍：当一本书全部学完后，还要把整本书连起来读一遍。主要目的是整理各章知识，找到它们之间的相互关系，理出头绪，对全书有一个整体性的了解。

最后一遍：在考试前几天，抽时间把书略略地翻一遍，配合笔记，看看所学内容的重点、难点，及一些概念性的东西和自己容易忽视的东西。

此外，我们在阅读时，可围绕课本阅读一些有关的课外书。例如，读一些与课堂学习内容有关的科技史、人物传记，这样有助于提高课堂学习的兴趣，充实课堂学习的内容，使思维更加活跃。

19 全方位、多角度阅读

著名学者胡适说："为学要如金字塔，要能广大，要能博。"这句话的意思是说，学习要博览群书，要全方位、多角度阅读。

星光大道

陈娟 | 保送北京大学生命科学院

曾获全国初中联赛一等奖、全国英语奥赛特等奖、湖北省英语听说竞赛初中组第七名、全国高中数学联赛一等奖

榜样之谈

我喜欢利用课余时间阅读各方面的书籍，既有现代的，也有古代的；既有学习方面的，也有生活方面的。在我所看的书籍中，最喜欢看的是金庸的武侠小说。那行云流水般的文字，给了我很大的启示。所以，我平时写的主持串词、作文都有这样的特点。老师夸赞道："没有过多的赘述，一气呵成，令人欲罢不能。"另外，对于热映的电影，我也绝对不会错过。3年积累下来，我在写作和阅读方面取得了不小的进步，这为我成为北大学生打下了坚实的基础。

高效学法

确实如此，我们只有博览群书，才能夯实基础。20世纪70年代初，美国哈佛大学曾对115个科研机构中的1311名科学家进行为期5年的调查，调查结果表明学识广博、具有多种才能的“通才”在工作中更容易成功。

中学生也要多读多看各种各样的书籍。在一线教学多年的崔学锋老师就认为，对于初中生来说，扩大知识面、丰富兴趣爱好也是非常重要的。比如中考时考查说明文，多以自然和科技方面的内容为主，而多数考生都因不懂而丢分。如果平时能够多读一些这方面的书籍，考试时就能做到心中有数了。

一位身为大学教师的家长说，他指导孩子学习的方法，就是让孩子多读科普书，他说：

我的做法就是给孩子推荐科普书。我除了给孩子订了《我们爱科学》《少年科学》等杂志外，还给他借来了《物理世界奇遇记》《从一到无穷大》《太阳元素的发现》等，还有我自己写的《低温世界》。孩子非常喜欢这些书籍，特别是《太阳元素的发现》，这本书不厚，那天晚上他一直看到深夜，直到看完后才睡觉。今年春节，孩子从大学放假回家，在闲谈中他对我说：“爸爸，要不是那个时候看了《物理世界奇遇记》，还有你那本《低温世界》，恐怕我现在也不会搞什么超导的研究。”

由此可见，在中学阶段就养成博览群书的习惯确实有很大的好处。

20 克服不良阅读习惯，提高阅读能力

阅读，包括课内阅读和课外阅读，它是积累作文素材的一条重要途径。只有“读书破万卷”，才能“下笔如有神”。然而，在进入高中后，学习任务繁多，同学们阅读课外书的时间十分有限，因此，在阅读中掌握快速阅读的能力，这对提高阅读效率是非常必要的。

星光大道

张宝林 | 2011年通过校长实名推荐至北京大学

榜样之谈

我一直相信，世界上许多名人之所以成功，与他们善于读书有关。读书有成效，不仅取决于读什么，而且决定于怎样读。

这是父亲从小灌输给我的观念，现在看来，确实如此。父亲从小就反复给我讲一个故事：明代末年有个大学问家叫张溥，他的读书法很奇特：读书时先抄一遍，再读一遍，然后把书稿烧掉；再抄再读再焚再抄，反复七次，直到烂熟于心，融会贯通。他苦读成名，给自己书斋取名为“七焚

斋”，也叫“七录斋”。我的读书方法也就是“书读百遍，其义自见”。我会跟父亲分享最近读到的好书，父亲如果没看过就会跟我一起看，看了又看，直到我们对书有了更深刻的见解。

另外，我觉得这种和谐的家庭阅读氛围，给我的学习创造了非常适宜的环境，建议同学们也跟自己的父母分享自己的阅读心得，增加跟父母之间的沟通。其实，如果我们主动跟父母沟通，他们就不会太好奇我们的“小秘密”啦！

高效学法

研究证明，普通人的阅读速度很慢，效率也很低，但如果掌握了快速阅读的方式，就可以加快阅读速度，并能准确地捕捉文章大意和需要的信息。那么，怎样才能快速准确地捕捉到文章大意和需要的信息，提高阅读效率呢？

在加快阅读速度、提高阅读效率之前，同学们首先要努力克服一些阅读中不自觉养成的学习习惯。这些不良的阅读习惯会让你觉得读书是一件沉重、麻烦的事，犹如老牛拖车，往往事倍功半。这些不良习惯如：边看文字边嘴里念念有词；逐字逐句地阅读；走回头路，不断回头看。这些习惯就像套在你脚上的无形枷锁，带着它们阅读无疑就是带着枷锁跳舞，笨拙而沉重。只有去掉这些磕磕碰碰的枷锁，才能跳出优美流畅的舞姿；只有改变这些不良习惯，同学们才可能在阅读效率上取得好成绩。

接下来，我们分享几种可以有效提高阅读效率的读书方法。

1. 鲁迅的“跳读”法

鲁迅先生认为：“若是碰到疑问而只看那个地方，那么无论到多久都不会懂的。所以，跳过去，再向前进，于是连以前的地方就都明白了。”它的好处是可以由此节省时间，提高阅读速度，把精力放在原著的整体理解和最重要的内容上。

2. 老舍的“印象”法

老舍说：“我读书似乎只要求一点灵感。‘印象甚佳’便是好书，我没工夫去细细分析它……其实这一段的美或者正足以破坏了全体的美，但是我不管；有一段叫我喜欢两天的，我就感谢不尽。”这是一种辩证的读书方法，有利于节省大家选择的时间。

3. 杨振宁的“渗透”法

杨振宁教授认为：“既然知识是互相渗透和扩展的，掌握知识的方法也应该与此相适应。当我们专心学习一门课程或潜心钻研一个课题时，如果有意识地把智慧的触角伸向邻近的知识领域，必然别有一番意境。对于那些相关专业的书籍，如果时间和精力允许，不妨拿来读一读，暂弄不懂也没关系，一些有价值的启示，也许正产生于半通之中。”采用渗透性学习方法，会使我们的视野开阔，思路活跃，大大提高学习的效率。

4. 余秋雨的“畏友”法

散文家余秋雨提出：“应该着力寻找高于自己的‘畏友’，使阅读成为一种既亲切又需花费不少脑力的进取性活动。尽量减少与自己已有水平基本相同的阅读层面，乐于接受好书对自己的塑造。我们的书架里可能有各种不同等级的书，适于选作精读对象的，不应是那些我们可以俯视、平视的书，而应该是我们需要仰视的书。”

由此可见，我们每个人应该有适合自己的阅读方法，这是一个慢慢摸索总结的过程，大家应该静下心来，细细体会。

[第五章]

培养自学能力，让学习进入良性循环

黄冈中学校长陈鼎常曾说：“中国是农业大国，农家子弟要走向外面的世界，读书是唯一的出路！”今天，不管是农家子弟还是城市学子，都有了安逸舒适的学习环境，但我们不该失去刻苦学习的意志、拼搏向上的斗志。高考仍是“真刀真枪”般的战役，我们只有发愤图强，不断拼搏，才能在高考的时候做到“不鸣则已，一鸣惊人”！

21 能主动学习才是优秀的学生

自主学习，就是与传统的接受学习相对应的一种现代化学习方式。它以学生作为学习的主体，通过学生独立的分析、探索、实践、质疑、创造等方法来实现学习目标。随着时代的发展和科技的进步，为应对新世纪的挑战，适应科学技术的飞速发展，一个人仅靠在学校学的知识已远远不够，必须适应职业转换和知识更新频率加快的要求，自主学习，终身学习。

星光大道

邓睿 | 2007年保送北京大学

曾获得全国高中学生化学竞赛（省级赛区）一等奖

榜样之谈

顺利地升入黄高后，我开始怀疑自己是不是智力下降了！开学一个多月，我发现，听老师讲课非常吃力，我听不懂，还记不全。这对一个小学、初中成绩一直优异的学生而言，简直就是令人费解的。我不相信是自己的智力有问题！

我开始在课后花大量的时间去看书，然后不断地去找各种老师辅导，做了很多题，感觉错得更多。说实在话，感觉压力真大。后来，在跟同学交流的过程中，我找到了问题的关键：我发现同学们一般每天都会用将近半小时的时间来预习新知识，但我没有，从小就没有这个习惯。

知道问题出在哪里，就能对症下药了。于是，我用半个小时的时间去预习新知识，用半个小时的时间去复习。第二天上课的感觉真的与以前有天壤之别：以前是坐在教室里听新课，现在是带着问题听答案。

作为学生，刻苦学习是应该的，但一定要找对方法！

高效学法

我们要想提升自己的自主学习能力，具体要怎么做呢？学习的第一步就是预习，而且预习又是最快还清在学习上的“欠债”的方法。不管你之前的基础有多不好，从预习开始，扎扎实实、认认真真的走好每一步才是关键。下面我们就以预习为例，具体看看邓睿同学是如何培养自主学习能力的。

1. 语文预习规则

①扫除生字生词障碍，了解文章主要内容；②理清文章结构；③理解重点词句；④归纳中心思想和写作特点。

2. 英语预习规则

①熟读单词、词组并做第一次记忆；②理解注释和例句；③翻译课文；④分析重点句子的语法；⑤找出难点和不理解的问题。

3. 数学预习规则

①了解本章、本节所讲的内容；②看懂概念、公式，并标出重点、难

点；③弄懂例题及其解法，并尝试做做课后习题。

4. 物理、化学预习规则

①通看本章、本节；②试着理解其概念、定理，对难点做出标记；③仔细研究课本例题的解法或实验的步骤；④了解实验仪器、操作方法以及观察的内容等。

5. 政治、历史预习规则

①通读课文内容和事例；②标记事件、概念、分类、影响等；③尝试第一次记忆；④分析课后习题；⑤有兴趣的同学可做相关背景拓展。

当我们把自己的学习任务分解成每天能够完成的任务后，一定要坚持完成当天的任务，无论如何不能给自己以任何借口推迟完成原定计划。

22 强化记忆，降低知识的遗忘率

记忆，是获取知识的必要手段和重要手段。对于同学们而言，学习的最大障碍莫过于记不住。因此，同学们要想提高记忆能力，首先要解决的就是降低知识的遗忘率。

星光大道

袁力 | 以678分的高分考入清华大学土木工程系

曾获全国中学生英语能力竞赛二等奖

榜样之谈

从小到大，一直被冠以“神童”的称号，说实话，我受之有愧！

被称之为“神童”是因为我比其他同学记东西快，但也不是过目不忘，只是我有适合自己的方法而已。拿历史举个例子吧。从开始学习历史，我的脑海里就形成了一张图表，沿着时间顺序，哪一年发生了哪些事，我需要做的就是把对应的影响或者意义补充进去。学的知识越多，我脑海里的图谱就越完整、越清晰。

再拿政治举个例子。背政治的时候，先是理解，比如，我国探索出符合中国国情的人民代表大会制度，我们肯定可以想象到它的影响是正面的，其次我们需要记忆的就是它的解释以及它的“特色意义”。另外，我习惯将概念同刚刚发生的社会事件、国际大事关联起来背，理论联系实际啊！

我的方法是不是很简单？只要你肯下工夫，你也可以是“神童”！

高效学法

同学们每天学习大量的没有亲身实践过的理论知识，没有一定的记忆力是不行的。所以，怎样克服记忆力差的困难，提高识记和学习的效果，是每一个学生都盼望解决的问题。提高记忆力的方法，中外学者归纳出了许多种。但哪种方法适合自己，还得靠自己在学习实践中摸索和总结。根据不同的学习内容和要求，正确采用不同的记忆方法，是保证按时完成学习任务和学习质量的前提。下面，我们就向同学们介绍一些记忆方法，供大家参考，以期帮助提高记忆力。

1. 专心致志

记忆时只要聚精会神、专心致志，排除杂念和外界干扰，大脑皮层就会留下深刻的记忆痕迹而不容易遗忘。

2. 兴趣浓厚

如果对学习材料、知识对象感到索然无味，即使花再多时间，也难以记住。

3. 理解记忆

理解是记忆的基础。

4. 强化学习

即对学习材料在记住的基础上，多记几遍，达到熟记、牢记的程度。

5. 及时复习

遗忘的速度是先快后慢。对刚学过的知识，趁热打铁，及时温习巩固，是强化记忆痕迹、防止遗忘的有效手段。

6. 多种手段

根据情况，灵活运用分类记忆、图表记忆、缩短记忆及编提纲、做笔记、卡片等记忆方法，均能增强记忆力。

7. 最佳时间

一般来说，上午9~11时，下午3~4时，晚上7~10时，为最佳记忆时间。利用上述时间记忆难记的学习材料，效果较好。

以上介绍了一些值得借鉴的提高记忆力的方法，具体运用，关键还是要结合自己的实际情况进行总结。但有一点是必须肯定的，那就是你要有强烈的求知欲望，这才可以摸索和总结出一套或几套适合自己的、科学的记忆方法，有效地提高自己的记忆力。

23 根据自身实际制订学习计划

“凡事预则立，不预则废。”学习也是如此，提前做计划是众多高考状元的共同点。但是，每个同学的学习目标不一样，知识盲点也有所不同，所以也不能盲目跟风别人的计划与安排。只有适合自己的学习计划，才能收到最佳的学习效果。

星光大道

胡闯 | 2006年保送北京大学

高中连年荣获市级“三好学生”“优秀学生干部”称号

榜样之谈

我觉得好的学习方法在学习过程中起着至关重要的作用。以高三为例，高三作业多，考试多，压力大，时间少。因此，结合实际情况，我把高三所有的学习方法总结为一个词：计划。每月的计划，每周的计划，每天的计划，乃至每节课的计划我心里都十分清楚。我习惯将各科的作业任务都写在一张白纸上，完成一项就擦去一项，这样做会很有成就感。再比如，我的数学成绩不是特别突出，每次考试总是拖我后腿，为了在有限的时间内快速提高数学成绩，每天晚上6：30~7：30，我会将当天学习的知识复习一遍，再认真地做一道高考压轴题，然后对解题方法进行总结。通过这种方法我的数学成绩提高得很快，真正做到了用最少的时间和精力达到了最佳的效果。

高效学法

一份科学、合理的时间计划，要结合自己的实际情况。比如，自己学习的兴奋点在白天的话，就可以多安排一些白天时间来学习，晚上多安排一点时间来休息；如果是“夜猫子”，就可以晚上多安排一些学习时间，中午安排一些时间来休息。

那么，怎样来制订一项完善的学习计划呢？一般来说，一项好的学习计划应包括以下几方面内容：

1. 自己应达到的目标

就是说，针对自己目前的学习水平，决定一个自己在学期末能达到的学习目标。

2. 分析目前存在的问题

比如，自己哪方面比较欠缺，哪科有待提高，哪些问题是本学期必须要解决的问题等。针对这些情况决定自己学习时间的分配，确定自己目前该朝哪方面努力等。

3. 制订详尽的学习任务表

主要针对一星期或一天的日程安排，决定自己在每个时段要学什么以及怎样学。比如什么时间预习或复习什么课目，什么时间做什么练习等。

要把一天的时间表基本上安排好，这样可以督促自己按照计划在某一时段做某一事情，不至于出现在哪个时间感到无所适从的现象。但有一点要注意，学习计划不可定得太死，要有少量的余地可供自己临时支配。计划制订得太死了会使学习产生一种沉闷感。

24 让寒暑假过得充实

每到寒暑假来临时，大多数同学都会有一种如释重负的感觉，经过整整一学期的紧张学习，都想好好放松一下。有的同学早就将学习抛到九霄云外，他们会高喊道：“作业嘛，开学前两天再做都来得及，先玩够了再说。”这些抓紧时间玩乐的同学其实不知道，就是在这样一个假期里，他的学习成绩会和其他同学拉出相当大的差距。

星光大道

阎亚茹 | 保送清华大学电子系

曾获王正本奖学金

榜样之谈

我敢说我比其他同学花在学习上的精力多多了！

也许是因为我迫切地想考上大学，所以我从来不觉得晚上学到12点，寒暑假窝在家里学习，是件痛苦的事儿。我一直对自己说：“身为一名学生，不学习那还做什么！”

每次开学，同学们聚在一起讨论最多的就是“我去哪里玩了”，问到我的时候，我就会说，几号到几号去了什么夏令营，几号到几号去了什么辅导班。大家就会觉得我扫兴，我可怜。但是，学生的主要任务就是学习啊，不管学什么。而且，有的时候如果感觉好，进度快，我往往能预习完下个学期的数学和英语的全部内容。这样再回到学校的时候，学习方面我就比较轻松。

最害怕听到身边有同学抱怨说："哎呀，要是考试之前不贪玩，复习一遍就不会考得这么烂了！"我的原则就是：不要在未来后悔。上学的时候，我认真付出，以后走进大学，甚至走出校园，当我再回过头来的时候，我不会抱怨自己没有努力，没有尽全力。

高效学法

对每个同学来说，寒暑假都是非常重要的，首先，它是一个完整的时间段，同学们可以有自己比较全面完整的学习安排；其次，它是两个学期或学年的衔接，一方面可以弥补上学期的不足，另一方面可以预习下学期的知识，起到承上启下的作用；再次，假期的学习安排不是很紧张，可以劳逸结合，调节自己的生活节奏。

到底应该怎样充实地度过寒暑假呢?

1. 有计划地对上一学期的知识进行复习巩固

同学们可以按照这样的内容进行：将所学的知识串成串→找出它们之间的联系→再找出与下学期学习有关的知识点并着重看一下。这种复习方法可以达到"一览众山小"的效果，你不妨也试一试。

2. 预习下学期要学的课文，对整体内容有所了解

对于一些难度较高的题目，可暂时不做，以避免挫伤学习的积极性。

3. 强化强项，弥补弱项

只要仔细去分析一下那些中高考状元，就会发现他们有一个共同的特点——没有弱项。这也给我们很多启示，应该多花些时间来强化自己的强项，弥补自己的弱项，使“长”者更长，“短”者变“长”，从而让自己在学习上迈出的每一步都不跛脚。

4. 亲近书籍，学会求知

寒暑假是同学们自行“充电”的黄金时期。同学们可以自主阅读，读一些好书，比如，可以通过向老师了解或经同学推荐找到自己需要的好书，也可以看些高考满分作文，多记些好词、好句、好段落，并真实地记录下自己的阅读感受。

25 自我学习“三步曲”

作为高中生，必须要有一定的超前学习意识。尤其是那些学有余力的同学，要学会自我学习，不要被老师牵着鼻子走。如果老师讲的是一些基础知识，而你恰好已经全部掌握了，这时候，不听，对你而言根本就没有坏处，听才是白白浪费时间。因此，根据个人的实际情况，有时候跟着老师的步调走，未必是好事。

星光大道

张弛 | 2010年保送北京大学

曾获省级“三好学生”“优秀学生干部”称号

榜样之谈

从小到大，我一直是个乖孩子。小时候每天放学回家，我一定先把作业做完才肯看电视。直到高中，我仍然是每天及时复习巩固当天学过的知识，决不欠账。每天放学回家，我都要先想一想白天在学校学了什么。如果学了数学，我一定要做这一部分的习题来熟练它。如果是史、地、政，就一定要及时理解并记住。有时候面对这么多功课，真想推到明天再做。

可是，明天还有明天的学习，千万不可“明日复明日”。要知道“明日何其多”，唯有“今日事今日毕”，只有一日复一日的积累，才能取得好成绩，实现梦想。

高效学法

老天很公平，给每人每天都是24小时。但是，同是24小时，不同的人会有不同的效率。有的同学将学习、生活、休息安排得井井有条，学习效果也很好，而有的同学却相反，主要问题就是他们没有形成限时完成学习任务的观念，今天推明天，明天推后天，问题越积越多。因此，大家要想在学习中提高效率，就必须要牢牢记住今天的事今天完成，不要总推到明天，养成拖拉的习惯。不仅仅是张弛同学这样认为，高考状元王晓涛同学也将自己成为高考状元的原因归结为：养成了“今日事今日毕”的良好习惯。她认为，如果每天的学习都能完成，不欠账，任何一位同学的学习成绩都不可能差。

除了按部就班地完成当天的学习任务，同学们还应如何合理地安排自己的自主学习时间呢？四川省高考理科状元李沛伦同学专门总结的自我学习“三步曲”，非常值得同学们借鉴。

第一步，先将课本上的知识点整理出来，当然，这是在预习课本的基础上进行的，找出重点及难点，对课本上的概念、定理、定律仔细琢磨分析，找出其成立所需的条件，它的意义亦即用途，可以解决哪些相关的题目，这些都要结合一定的习题来训练。

第二步，将自己不懂的问题记下来，拿去跟老师讲的对照，检查自己思维的严密性。

第三步，将老师的解答归纳后记下来，但不必老师讲的每一句话、每一个字都记，只记那些自己思路不清的地方就可以了。

学习切忌没有计划性。学到哪儿就是哪儿，高兴学什么就学什么，这样完全凭个人喜好，凭一时的兴趣来学习，很容易造成不均衡发展，造成较低的学习效率，影响学习过程的系统性和完整性。一个好的学习计划，可以促使自己按照既定目标去奋斗，不浪费时间，不荒废学业，最大限度地发挥自己的潜能。

[第六章]

劳逸结合，学习好也要休息好

众所周知，人的大脑是有一定的紧张限度的。如果你从早到晚不停地学习，超过了这个限度，就会感到非常疲劳，头昏脑胀，而且学习效率也不高；相反，如果这时你适当地休息，不仅可以保持旺盛的精力，还可以提高学习效率。所谓“文武之道，张弛有度”，讲的就是这个道理。

26 规律作息，不打疲劳战

学习是一种高强度的脑力劳动，它需要我们时刻保持清醒的头脑，否则将很难保证学习质量和效率。我们不能以时间来论成绩，更不能通过加班加点拼命学习来换取一时的心理快慰。众所周知，中学生学习不能打疲劳战，必须注意劳逸结合，否则就是在浪费时间。

星光大道

陈星 | 以664分拿下当年湖北省文科第一名，考入北京大学法学院

曾获湖北省“三好学生”，全国英语能力竞赛一等奖，湖北省物理竞赛一等奖

榜样之谈

刚刚进入黄冈中学的时候，我感觉好累，压力好大。大概是脸色太难看了，爸爸提醒我有心事如果不想说出来，那就写在日记里。从这之后，我把我每天干的事儿，我的不愉快全都写到日记里。大概经过一个多月的时间，我翻日记本的时候发现，天啊，我快要把自己累死了，原来一天24

小时，我用了一半的时间在预习、复习、做题……题海战术让我不曾抬头看看周围的环境，虽然已经入学三个多月了，身边的同学对我而言都是崭新的，操场边的大树不知不觉已经开始落叶了。从这之后，我开始放松自己，我安排了固定的做题时间和休息时间，图书馆、操场、花园也都有我的身影。习惯慢慢养成后，我的期终考试成绩非常理想。当然，后来的高考成绩也十分理想。

高效学法

学习备考是一个长期的过程，一定要保证规律作息，千万不要开夜车，搞疲劳战术。不规律的生活、超限度的脑力劳动，会造成身体的“透支”，导致精神不集中，记忆力衰退，学习效率降低，考试、写作业的时候错字率升高，这些对于以后的学习是非常不利的。因此，同学们一定要规律作息，注意“养精蓄锐”，待期而发。

我们每个人的身体都有自然调节的节律，即生物钟。据分析，人在某时间段内最适合学什么是有规律可循的。因此，同学们应尽量保持良好的作息习惯，根据自己的生物钟安排学习的内容和时间。

6~8时：头脑最清醒，体力也很充沛，是学习的黄金时段，可安排较难掌握的学习内容。

8~9时：此时人的耐力处于最佳状态，可安排难度大的攻坚内容。

9~11时：此时短期记忆效果很好，进行突击记忆、学习可事半功倍。

13~14时：可安排午休。午饭后人易疲劳，春夏尤其如此。休息一下，可养精蓄锐，下午学习的效率会更高。不过，午休时间不宜过长，半小时左右即可，不宜超过1小时。

15~16时：休息后精神状态较好，此时长期记忆效果特棒，可合理安排那些需长久记忆的东西。

17~18时：进行复杂计算和有难度作业的好时间。

晚饭后：应根据个人情况妥善安排，可按语、数、英等科目交叉安排，也可按难易交替安排，以防在一科上花费过多时间，产生疲劳且效率不高。

我们每个人都有自身特点，如何做到遵循规律，更高效地复习，就要求大家首先要了解自己，对自己的生物钟进行调整。

27 课间10分钟别忘休息

课间10分钟最好到室外做些轻松的运动，以消除疲劳，改善大脑功能，为下节课做好身体准备。

星光大道

王星泽 | 2006年保送北京大学

在校成绩优异，是校刊、校社热门人物之一

榜样之谈

不少同学抱怨学校生活单调、紧张，其实，这只是一个心态问题，一个心境问题。学习对我来说已经成为一种需要。我需要，我快乐，学习起来自然会乐此不疲。很多同学通宵上网，苦不苦？累不累？肯定苦和累，但他们却不觉得苦和累。为什么？因为他们喜欢啊！至于聪明和刻苦嘛，我以为自己的天资还可以，但我依然很用功。不过，我很注意劳逸结合，课间10分钟，我一般很少写作业，即使到了高三也是如此。课间休息调节一下，集中精力准备下一节课的学习，这样才能有所得。

高效学法

按照常规，中学生每上45分钟课，就要有10~15分钟的休息，这种安排是符合生理学和心理学规律的。

上课时由于用脑时间较长，心跳减慢，这时大脑供氧不足，就会产生疲劳和困倦，从而使视觉和听觉功能受到影响，学习、思考、理解和记忆的效率也就大打折扣。若不适当休息，就会严重影响学习效果和身体健康。但是，有的学生喜欢利用课间10分钟读书或做练习题，不愿到室外活动，认为那是浪费时间。其实，这种做法是得不偿失的。

那么，课间适合做什么活动呢?

1. 室外望远。眺望远处树木或建筑物，对放松眼部肌肉、预防近视大有益处。

2. 根据学校的安排，做一遍广播体操或眼保健操。

3. 散步。边走边做深呼吸，同时用力摆动双臂，再做前后屈体及转体等腰腹部运动。这样，既活动了全身肌肉，又使血液循环加强，增强了新陈代谢。

4. 做些体力负荷不大的游戏，既能活动身体，又能调节神经。

5. 跳绳、踢毽子、跳皮筋，这类活动适合在冬天进行。

总之，课间10分钟的活动主要是为了消除疲劳，改善大脑功能，为下节课做好身体准备。另外，上课前，同学们必须注意课间10分钟不应做过于激烈的体育运动或激烈争论。如果运动量过大，乃至大汗淋漓，至少要5分钟才能静下心来，而且若强制性突然静下来，还可能影响其身体健康。所以，在上课前1～2分钟同学们就应该停止运动，进入教室，做好下一节课的准备。

28 玩也是一种学习

不能否认，同学们的学习任务是很繁重的，但这并不意味着你要一直忙碌下去，最有效率的同学都懂得忙中偷闲的意义。在娱乐中，你同样可以找到对学习有帮助的地方，这是一种一箭双雕的好办法。

星光大道

张旭 | 2011年保送清华大学

曾获黄冈中学“优秀毕业生”称号

榜样之谈

我的大学是玩出来的。这样说也许太狂妄了。作为高中生，我很专注，除了吃喝玩就是专心地学习，我觉得这就是我成绩好的原因。高一高二，我追韩剧，泡书摊，周六周日跟父母或者同学去体育场等，套用老妈的一句话：“身体不好，书读得再好也没有用！”

到了高三，不能再把上课时间和下课时间分得那么清楚了，不能再肆无忌惮地玩了，我就把重点放在了吃东西和学习上。那个时候班里流行减肥，很多同学不好好吃饭，我不行！鸡、鸭、鱼、肉，凡是喜欢的都往我碗里扒拉。高三体检的时候，体检表总结栏上四个大字“营养良好”！哎呀，把我得意的啊!

高效学法

如果你在娱乐中学习的话，一定比单纯的苦学效率高得多。对此，考入北京大学的马强同学也举了个例子来说明。

我坐车的时候外面下着雨，车在行驶。开始雨是往后斜的，后来看不见了，就这样一个现象我想了很久。当时是上初中，学到的知识有限，我就在猜测：雨和车之间是什么关系呢？为什么会出现这种现象？初中刚接触相对运动那会儿，我自己解释不清楚。我就在想什么惯性作用之类的东西，然后相对于车，雨点应该是一个什么样的运动，平抛还是垂直下落，还是其他的什么。初中那会儿还没有学加速度，我就去找一些高中的教材，或者别的资料看一下，大概它会是一个什么样子，它是哪种情况，为什么它会这样运动。

最后，马强同学说：“这样做的话，它让我能很清楚很明白地掌握学过的知识，让我记得非常牢固，或许我这一辈子都忘不掉。另外也可以让我在学习的过程中将这些知识灵活运用。”如此看来，娱乐并不是对学习毫无帮助，它也是提高学习效率的一种有益的手段。

29 让3小时 > 8小时

很多同学都有这样一种感觉：一进了高三就好像弓绷紧了弦似的，一天到晚埋头于试卷中、书本中。这种态度一般都被广为推崇，认为是积极的态度，老师和家长们通常把它和那种甚至连规定时间都很少学习的态度加以比较，并将其作为教育考生的题材。事实上，这两种态度都不是很正确。

星光大道

董凡 | 2010年保送北京大学

曾获校级、市级“优秀班干部”称号

榜样之谈

大家可能都有这样的感觉：精神疲乏时学习8小时远远不如精神旺盛时学习3小时来得有效率，这个道理其实不难理解，但是有很多同学却不舍得或不敢用这段时间去做一些休息和娱乐。综合起来分析：一是怕浪费时间，二是怕一旦娱乐就会收不住心。

高效学法

在董凡同学看来，适当的休息和娱乐是提高学习效率的有力武器，他说：

我高中三年从不开夜车，也没丢掉自己的爱好，就连紧张的高三这一年，我喜欢看的电视栏目和杂志都没落下。我平常的学习任务只在学校里完成，晚上10点上完晚自习，回家后就不再看书了，主要是看电视或杂志。我最喜欢看中央电视台的《开心辞典》和《幸运52》，以及《读者》和《青年文摘》等杂志。这样既能增长课外知识，又能在紧张的学习中调节自己的状态。另外，我还比较喜欢散散步、听听歌、打打球。这些活动一方面满足了释放心理压力的需要，另一方面也有利于陶冶情操，放松思维，恢复学习状态。在这里和大家探讨这个问题，相信大家都会有自己正确的选择。

记住，休息和娱乐并不会耽误你多少时间，其实它们才是保证你学习质量的有效途径。

因此，在平时同学们要本着“学是为了玩，玩是为了学”的思想来处理学与玩的关系。青少年是天生好玩、好动的，长时间的伏案学习只会让人倦怠。正确的做法是，每个周末都最好去户外换换环境，让疲劳的大脑和身体彻底放松，抛开学习上的事，尽情休息，这样才能精神百倍地投入到下一周的学习当中去。

30 晚上12点前一定睡觉

很多同学经常熬夜学习，这种刻苦的精神的确值得我们学习。但是要想提高学习成绩，最重要的是想办法提高学习的效率，而不是一味加班加点，熬夜苦读，否则只能说明你的学习效率很低，没有有效地使用自己的时间。

星光大道

徐芳 | 考入北京大学法学院

荣获当年湖北省文科高考第三名

榜样之谈

以前总是考不好，用老师的话说，我是在“赶考”！

很有可能是考试之前，我把复习内容安排得太紧凑了，不光我自己感觉忙不过来，身边的朋友也觉得我快要忙得飞起来了。结果，每次进考场前，我都觉得自己还没有复习完，然后压力那个大呀！

因为常常熬夜读书，感觉越到深夜越精神，慢慢地就养成习惯了。后来，跟同学说起这事儿，他们都笑话我傻了，经他们一说我也意识到自己傻了。虽然晚上精力好，但是考试和学习的时间毕竟在白天，这样连续地挑灯夜战，导致我白天精神恍惚，注意力不集中。意识到这个问题后，我花了很长时间去调整我的作息习惯，改掉“夜猫子”的毛病。

如果哪些同学跟我一样，是传说中的“夜猫子”，不妨先改掉这种不良习惯，调整好自己的精神状态！

高效学法

科学家皮埃尔·弗吕谢尔说：“没有必要以牺牲睡眠来成为天才。”每个人都有一个生物钟，它在你的生活中不会轻易改变，所以找出你的睡眠周期很有必要。只要我们找出周期的准确延续时间，就能更好地利用时间。

皮埃尔·弗吕谢尔所提供的计算方法是这样的：在每天带规律性的时间里我们都会有疲劳乏力的感觉。用一个礼拜的时间好好地记下你感到疲劳的时间和两个疲劳期的时间差，这样你就会发现，你每天的疲劳期几乎发生在同一时候，而两次疲劳的时间差也基本相同。

2012年湖南省高考理科状元胡亚威同学从不在晚上“加班加点”“秉烛夜读”，而是充分利用早上的黄金时间。他说：“不管是有学习任务，还是有其他的事情，我都会尽量保证在12点之前睡觉，好的睡眠才能保证第二天的学习状态。”

找准了你的睡眠周期，你就可以主动地把睡眠时间计划在睡眠周期之内，而间隔期内绝对不要用于睡眠，那是你的高效学习时段。这样不但能使睡眠更加舒适，而且体力和精力可得到充分的恢复。

合理安排睡眠时间，从而使非睡眠时间的学习效率大大提高，这从实际效果上看就是节约了时间。

[第七章]

学会自我调节，掌握应试技巧

作为学生，考试是一件无法回避的事情。一走进考场就脚软，是很多学生的通病。而那些成绩优秀的学生，在考场上总是有条不紊、不慌不忙，很少出现手忙脚乱的现象。据了解，他们在考场上成功的秘诀就在于：他们拥有一些良好的考试习惯和应试技巧。所以，针对在学生中间普遍存在的这个通病，黄冈中学坚持采用“题海+考海”战术，增强学生们的考场信心和应试技巧。

31 识别压力和焦虑信号

我们在日常考试中经常会发现，有些平时学习挺好的学生，一逢大型考试，比如中考、高考就屡考屡败；有些学生在初一、初二或高一、高二学得很出色，到了初三、高三却每况愈下，之所以出现这种现象，考试焦虑情绪起了很大作用。

星光大道

张涛 | 2006年考入北京大学

曾获市级“优秀学生”“优秀班干部”称号

榜样之谈

我的哥哥是一名复读生，他的高考经历让我深深明白应考心态的重要性。

哥哥平时的模拟考试一般都在670分左右，高考的时候，由于第一场发挥失常，导致他压力大增，最后以600分的结局收场。经过一年的复读生涯，哥哥高考再次低水平发挥，最终选择了一所普通高校，与哥哥梦想的北京大学失之交臂。这件事深深地撼动了我。第三次模拟考试，也就是高考前最后一次模拟考试，我考了620分，我以为我复习得很好了，没想到成绩并不理想。这可把我刺激坏了，一整天心情低落。直到临睡前，我突然意识到，这就是哥哥当时的感受。

第二天，班主任找我谈话，他跟我一起分析了我的试卷，并说："不要放在心上，这不是最后一次考试。即使是高考，也不是最后一次。"从班主任那里回来，我调整心态，查缺补漏。

高考时，第一天感觉良好。第二天一睁开眼睛，我感觉好冷，嗓子生疼，一量体温：39℃。糟糕，我发烧了，偷偷吃了一片退烧药，便去上"战场"了。我打算先不告诉父母，因为这是我通往理想大学的最后一难。

就算考试是拦路虎，那我们还是程咬金呢，怕什么！而且，事实证明，我胜利了。当我接到北京大学的录取通知书的时候，我突然明白，如果被自己的心态牵绊，那以后一定会追悔莫及。

高效学法

我们在考试前都免不了紧张焦虑，对不同的人来讲只是程度不同而已。当我们学习时头脑混乱、心不在焉、恍恍惚惚，或者无缘无故感到特别郁闷、容易生气、爱流泪等，可能就是压力太大，出现考试焦虑的表现。我们要学会识别这种情绪状态，懂得告诉自己"没关系，我只是有点焦虑"，并积极进行自我调节，不要让坏情绪影响学习。

具体来说，同学们可以从以下几个方面调节情绪：

1. 客观对待考试

"心以澹泊明"，不骄不躁，心平气和。张涛同学说得很对，在人生的道路上，不光是模拟考，就算是高考，都不会是最后一次考试。机会，只要我们愿意，就会一直有。

2. 理智对待环境

也许父母和老师在我们身上寄予很多期望，使我们压力很大。也许我们身边的同学正在废寝忘食地学习，不要跟风似的，别人三点睡五点醒，我就跟着他那样做。别人是别人，人各不同，自己的事情自己把握。

3. 考前不轻易许诺

“我一定要考××分！”这样的话考试之前少说为妙。何必在无形之中给自己套上枷锁。正确的方法是以具体的目标取代预期的目标，不去想上什么学校，考多少分。而是认真计划这个月该完成多少计划，今天晚上应该复习哪一科。当我们把注意力都放在踏踏实实地干好某一件事上时，自然就没有时间再胡思乱想了。

与其他场合的心理战不同，高考是自己和自己打心理战，考前心态将直接影响到后面的考试发挥，所以同学们一定要好好调整。

32 心态好才有好成绩

情绪不稳、烦躁不安、患得患失……如果你是带着这种心态进入考场的话，可能原来十分的实力最多只能发挥七分。因此，对于同学们来说，在备考和应试期间应该注意心情的调节。

星光大道

夏可慧 | 2007年保送北京大学

曾获全国中学生生物学联赛一等奖

榜样之谈

我的成功格言就是："宁可不打仗，绝不打烂仗！"

记得有一段时间，我感觉自己每天都过得很浮躁，静不下心来，晚上睡觉都变得不踏实了。偶然一次，读到《林清玄散文》中的一篇叫《家家有明月清风》的文章，其中一句话令我豁然开朗："有人问我，这个社会最缺的是什么东西？我认为最缺的是两种，一是从容，一是有情。"

于是，经过一段时间的调整，我逐渐恢复了平常心。举个例子，大家是怎么面对自己试卷上红彤彤的叉号的？在我眼里，这可是宝贵的财富，没有什么比这更能直接地展示我的问题，促进我的进步！

最后，送给大家一句话：什么都不重要，心态最重要！

高效学法

客观地说，高考的确是一件很不确定的有风险的事情，这一点总是让人感到不安。面对高考，一个人产生一些焦虑和紧张情绪是正常的。适当焦虑有助于人的努力和警觉，对于复习和考试没有什么害处，反而有助于发挥。不少同学之所以被考试吓倒，往往是将复习中中性的甚至积极的处境加以误解，当作是对自己有害的事情。

因此，在复习备考的过程中，我们要注意经常对自己的心态进行积极地自我调整，不堆积情绪垃圾。

1. 要明确自己的定位，不要盲目地与同学攀比。

2. 学会正视紧张情绪，不要稍有紧张情绪就觉得沮丧或害怕。其实，人在压力状态下情绪紧张是正常的表现，只要不是过度紧张，适当的紧张情绪可以让人的注意力更加集中，对复习有好处。

3. 多想现在，少想以后。不要老是想“考不好，怎么办”，而是要树立“过程大于结果”的信念，相信“一分耕耘，一分收获”，只要过程努力，结果就不可能糟。

4. 化弱势为进步的动力。有的同学考前遇到难题，或模拟考试成绩不好就过度紧张，这种心态完全没有必要。应该看到，重要的是从练习和模拟考试中发现问题，取得进步。

总之，我们对待考试的正确态度应该是：把考试看作检验自己学习成果的一个机会，以平和的心态去面对它。

33 等待发卷时应该怎么做

进入考场到老师发卷之前的这段时间，可能是考生感觉最漫长的，我们应该做些什么呢？

星光大道

臧河 | 以680分考入清华大学电子工程系

高中三年连续获得“三好学生”称号

榜样之谈

提前15分钟进入考场后，我通常会这样做：看一看教室四周，熟悉一下陌生的环境；坐在座位上，尽快进入角色；不去考虑成败、得失；调整一下迎战姿态；文具摆好，眼镜摘下擦一擦。把这些动作权当考前稳定情绪的“心灵体操”。我还会提醒自己做到“四心”：一是保持“静心”，二是增强“信心”，三是做题“专心”，四是考试“细心”。

高效学法

在进入考场后等待发卷的时间里，如果同学们心理高度紧张，可以这样做：

1. 间断性地闭上眼睛，然后舒适地做做深呼吸。让气流慢慢地呼出，呼气时，要对自己说“放……松”，而且要感到那种紧张感正随着呼气从身体中流出。

2. 做深呼吸时，要让双臂和双手在身体两侧摆动。要感到流入手掌的血的温暖，想象到那种紧张感正顺着你的手指尖流出。

3. 活动一下手指肌肉，促使血液循环。

4. 轻轻地变换身体位置，以便让血液流向腋部和后背。注意，要慢慢轻轻地挪动位置，免得影响别人。

5. 伸展双臂、双腿和腰、背。

6. 整个呼吸、摇摆、活动、变换位置、伸展、再次呼吸等这些过程，可以在30秒或更短一些的时间里完成。从阶段性的放松休息中所获得的效益，可以使时间的投入更有价值。

等待发卷的时间虽短，但如果利用好了，对你后面的考试将会有很大的帮助。

34 合理分配答题时间

考场上，一分一秒都弥足珍贵，因此，如何合理安排答题时间，如何控制好答题的节奏，是我们该好好研究的问题。事实证明，科学合理地分配考试答题时间，是临场发挥能否出色的重要因素。

星光大道

马金刚 | 2006年保送北京大学

在校成绩优异，曾获市“三好学生”称号

榜样之谈

高考考试时间为两个半小时，平均每道题为5分多钟，若某些题目用时太长，即使做对了也是“潜在丢分”或“隐含丢分”。

一般选择题、填空题与解答题的时间分配为4∶6，当然也要因人而异。为把一道填空题或选择题彻底想清楚花费10分钟以上，或对最后两道题完全放弃，都不可取。这几年高考，即使是最后两题，往往也有一个台阶，第一问都不太难，不能轻言放弃。

我的考试策略是“争分夺秒，不择手段”。“争分”是指将能得的分一定稳拿到手，保证准确性；“夺秒”是指追求答题速度，尽量留出时间检查；“不择手段”是指在不违反考试纪律的前提下，采用一切有利于得分的手段。

例如，做题可以不按顺序，只求把能拿的分都拿到；选择填空题能取巧就取巧，答案正确即可；碰到不全会的题，尽量写上会的部分，全部不会做的题，也一定要写上猜的部分。

高效学法

在答题过程中，为了更好地利用时间，同学们可以从以下几个方面做起：

1. 开考前5分钟

（1）发卷前，适应考场，调适心情。

（2）接到试卷，在规定处按要求写上姓名、填涂考号、贴好条形码，然后检查试卷、答题卡是否有缺漏、破损情况。

（3）接下来，快速浏览全卷，大体弄清试卷的板块结构、各种题型。此时，切忌一边看题一边急着抢时间考虑答案。

2. 开考后前30分钟

开考后首先集中精力完成客观选择题前两题（3~5分钟）。做选择题力避两种倾向：一是一味抢时间、求速度，这样势必导致审题不严，思考不周密，从而出现不应有的失误；二是速度过慢，太过谨慎小心，甚至反复徘徊不敢选。

3. 开考后30~90分钟

（1）不管做什么一定要注意审题，然后读题、做题。第三大题，时间大约6分钟。第四大题，名句填空仅需最多4分钟。把这两题控制在10分钟之内。

（2）第五、六主观题应力争在50分钟内完成，即开考后一个半小时内要完成作文以外的所有试题。

（3）一是书写规范，文面整洁。答题卡上不允许书写潦草，乱涂乱划。二是对号入座，按题号在规定的矩形框内作答。绝对不能张冠李戴，甚至私自改动题号，这样会导致几题答案扫描无效，判分为零。三是要点分明。一定要据分值设定要点，4分、6分题先观点后阐释，关键词鲜明、层次明朗。

4. 最后1个小时

（1）检查各科答题题目要力避扣分点：缺题扣2分，字数每少50字扣1分，错别字或文面脏乱扣分，不完篇扣分等。

（2）书写以清晰、整洁为原则。字不宜过小或大而潦草，或用力过轻；如有写错处，用直尺比在上面划一横线，不允许用其他方式夸大暴露问题。

（3）留下3~5分钟做全卷的检查，不要轻易改动选择题答案。

记住，能否利用好考场上的每一分钟，将决定你考试的成败。

35 先易后难，依次作答

同学们拿到试题后不要急于求成，应坚持由易到难的做题顺序。可以先通看一遍整套试题，开始答题后先拿下一两道易题、熟题，让自己产生“旗开得胜”的心境，有个良好开端。成绩好的同学做容易题时一定要细心，争取做一题对一题，把时间留给后面的难题。不要以为这些题很简单，无意之中放松了警惕性，犯了常识性错误，出现非智力因素失分的情况。有些同学平时成绩不太好，对难题做起来几乎没有成功的可能。这样的同学不妨先读一遍难题，如感觉没有希望，就把时间用在克服简单题和中档题上，确保简单题全部得分。

星光大道

刘洋 ｜ 2010年保送北京大学

荣获省级“优秀团员”“优秀班干部”称号

榜样之谈

有的时候，我会听到身边的同学抱怨，答题卡没有涂完，或者有几道题没有来得及做。我的习惯是，做完选择题，涂卡，尤其是英语。语文考试的时候，做到作文题目时，我会先把其他题检查一遍，再开始写作文，作文是个巨大的工程，很有可能没有时间回过头来检查。数学题涂完答题卡，剩下的就要一鼓作气写到底，然后整体回过头来检查。

还有一点很重要，相信自己的第一直觉。尤其是选择题，拿不准的题目凭感觉得到答案，回过头来再次做，还是得不到答案，这时我就保留我的第一直觉，不乱改动。

最后有一点，有人说，拿不准的答案一定要选“C”，我在这里要吐槽，千万不要这样做，出题人的意向要是这么简单，那这张试卷不是太侮辱我们学生的智商了吗？

高效学法

对考生来说，在答题过程中出现钻牛角尖的现象，是一件非常不利的事情。考试时，假如你过多地纠缠于难题，钻在里边很长时间出不来，耗去大量时间还可能劳而无功，回头再去做简单题目时有可能时间仓促而忙中出错，就太不合算了。

最明智的做法应该是：将难题跳过去，先把会做的做完，最后再“啃”难题。这样做不仅有利于保证做出易题“抢分”，而且，先把容易的题目做出来，还能使紧张的心情逐渐平静，这时再去想难题，也会比较从容。

那么，我们做题时应该采用什么顺序呢？考入清华大学的李冰同学，用了一个“梳”字来回答这一问题。

做题较好的方法是一遍一遍地进行“梳”。第一遍没做出来，没关系，空着它，把第一遍其他能做的题全做完了之后，回过头来，再做第二遍，不行再来，这样经过几次“梳”后，往往就仅存极个别的题了，这时再采取个别击破的方法。切记千万不要死抠一道题，如果实在做不出来，宁可放弃，用这些时间去检查其他题。

另外，李冰同学还提醒大家，灵活的答题顺序必须和最后的检查结合起来，尤其是跳跃式往返答题的考生，可能会出现遗漏题目的情况，通过检查可弥补漏洞。

[第八章]

在竞争中保持良好的心态

多年来，黄冈中学一直都是各大竞赛的夺冠者。任何一名优秀的黄冈学子，都具备在竞赛场上夺冠的能力。现在，我们处在一个竞争的社会中，即使竞争再激烈，我们也要保持良好的心态，在友好的氛围中进行竞争，从而使自己和同学共同提高成绩。因此，会学习的同学必须彻底抛弃狭隘的消极竞争，学会积极竞争。

36 保持适度的竞争心态

有二十多年授课经验的杨复元老师，谈起自己班上连续出现高考状元，认为所谓的状元都有一个共同的特点：成长轨迹都离不开一个优秀的班集体。班上的竞争非常激烈，学习氛围也很浓，在这种团队环境下非常有利于个人的学习提高。他说："一定要在你追我赶的学习氛围中，学生才会更好地树立奋斗目标，培养学习毅力，保持细心谨慎的考场心态。"

★ 星光大道

郭海兵 | 2000年保送黄冈中学及湖北省理科实验班，2003考入清华大学工程物理系

曾获得2001年全国物理竞赛省一等奖，2002物理竞赛国家二等奖、数学竞赛国家三等奖

榜样之谈

在黄冈中学那样的环境里，竞争是很激烈的。

在进入黄冈中学，特别是被选入省理科实验班并进入物理奥赛小组后，我的拼搏意识得到了最大的提升。无论是平时的学习还是竞赛训练，

老师和同学都给了我很多的帮助，使我真正有所收获。我们的竞赛训练是每周六全天、周二下午半天，这种训练使我进去清华大学之后，在学科方面依然比其他同学有着明显的优势。特别是物理实验方面，在黄高时，学校为我们提供了大量的实验设备，还让专门的实验老师对我们这些学生进行一对一的辅导。

千万不要认为实验班的学习都是起早摸黑的，我们也是早晚自习加白天7节课，我们也有双休日。有所不同的是，老师对教学的安排更加紧凑，大家在上课的时候也都保持精力高度集中。大言不惭地说，我有很多空闲的时间打篮球或者做课外题。

不是全部的时间都是充满着激情并不断前进的，我也有一段极其苦涩的回忆。2001年9月，我信心满满地参加了全国中学生物理奥赛，但是却连复赛都没有进，这实在把我打击坏了。后来，经过老师的开导，我才慢慢从低落的情绪中走出来。最后，我甚至发现，我的抗压能力有了巨大的提高，再也不会因为过于紧张或者激动而发挥失常了。

最后的结局是童话式的，我在之后的几次全国竞赛中拿到了名次，并考入了理想中的清华大学。

高效学法

从心理学上来说，我们每个人都有一种“不服输”的心理，都希望站在比别人更优越的地位上，这种潜在心理就是自我优越的欲望。当这种自我优越的欲望出现了特定的竞争对象时，其超越意识就会更加鲜明。适度的竞争心态，会激发学习的兴趣和积极性，成为一种自我激励的动力。

因此，你要想超越对手，超越自我，共同进步，可以这样做：

1. 战略伙伴法

在这个高考过程当中，很多人愿意把自己的同伴、同学、朋友设成自己的假想敌，这样时刻都来保持自己的学习状态。其实最好的方法是把同学作为战略伙伴。应该看到，高考是在全省或全国的大范围内的竞争，身边的同学都是我们的战友。在备考的过程中，可以与几个旗鼓相当的同学结成“学习同盟”，交流学习经验，探讨疑难问题，互相鼓励，共同进步。特别是擅长科目能和自己互补的同学，比如你的英语比较好，同桌的数学比较好，更可以互相帮助，取长补短。

2. 问答学习法

同学们如果长时间背书做题，大脑会很容易疲劳，应该经常采用不同的学习方法进行调节。比如，同学之间通过问答，互相考查对知识的掌握程度，就是一种较好的方法。你可以试一试，如果你被同学问到自己不懂的内容，再去查书识记，一定会印象非常深刻，不用担心在考试时会忘记。

37 对辅导班做出正确选择

高考千军万马过独木桥的激烈竞争，让很多学生和家长倍感压力，于是，“多学一门本事就多占一份优势”的概念慢慢形成，各种各样的辅导班应运而生。

星光大道

徐曙 | 2011年保送北京大学

曾获中国数学奥林匹克二等奖

榜样之谈

跟其他参加竞赛的同学不一样，我是出入各种辅导班的常客。

我的姐姐是一名数学老师，她经常在课余免费帮助小区里一些低年级的同学进行增强型的辅导，我也是受益人之一。在刚上高二的时候，我的高中数学已经全部上完了。也就是说，别的同学在上新课的时候，我其实是在复习。除了上姐姐的辅导课，周六周日的时间，我还会参加英语口语、物理、化学，甚至美术、计算机等各种辅导班。因此，学校里举办的运动会、文理科知识竞赛、演讲比赛、辩论赛、五四青年歌手大赛等，都少不了我的身影。

大家不要担心这会耽误了我的学习，其实，朋友们自己看看，我在学校里所参与的活动，不都是跟学习息息相关的吗？而且，参加辅导班不光让我的成绩有所提高，更重要的是，我结识了很多朋友。俗话说“有朋走遍天下”，这不正是对我最好的写照吗？

高效学法

有的同学说：“上辅导班就是浪费时间和银子。”而有的同学则会很肯定地说：“选择一个好辅导班很关键！”其实，辅导班的种类各异，功能也不尽相同，大家可以根据自己的需求，选择合适的辅导班。

1. 基础辅导班

基础辅导班的主要目的在于把基础打牢，及早指导考生在上强化班之前进行自我复习，掌握复习方法，避免第一轮复习走弯路，使后续复习更有效果。这种班开班较早（基本与学校的开学时间相同），班期比较长。

2. 强化辅导班

强化辅导班是传统班种，主要是在强化期进行辅导。这种班主要集中在暑假、寒假期间班期，一般在1个月左右。

3. 冲刺辅导班

冲刺辅导班是用于考生最后阶段冲刺复习的班种，大都在5月份授课，班期不长，一般只有几次课，但辅导内容密集，其中猜题是重头戏。

4. 模考班

模考班是某些辅导班独有的班种，其主要意义在于进行复习阶段的检阅，查漏补缺，并增加临场实战经验。需要强调的是，随便发几张卷子做做并不是严格的模考，严格的模考应该是专场考试，严格监考，约束时间，认真阅卷。总之，一切高度仿真，而且事后应该仔细讲评的模考，才会有效果。

另外，还要强调几点：上辅导班之前要做好准备，做到有的放矢，带着问题去，提高听课效率；不要轻易缺课、随意缺课；做好笔记，定期回顾；结合教材，做好练习。只有这样做，才会让我们的辅导课变得更有意义。

38 参考书在精不在多

每一位经历过竞赛或高考的同学，手里往往都有几本精挑细选出来的参考书。买到一本好的参考书，就等于请了一位好的家教老师，来为你一个人上课；而阅读一本参考书，就是在听讲，是听编书的那位老师在给你讲课。可是，现在参考书实在太多了，可以说是五花八门，种类繁多，其中也良莠不齐，好坏参半。那么，我们该如何挑选参考书呢？

星光大道

王一凡 | 2007年保送北京大学

曾获全国中学生物理竞赛决赛二等奖。

榜样之谈

英国伟大的思想家托马斯·卡莱尔说过："书籍是当代真正的大学！"

我一直相信，除了我的老师和父母，是书籍给了我读大学，读梦寐以求的大学的机会。记得同学们总是笑话我"书呆子"，除了上厕所，基本上手不离书。准备参加全国物理竞赛的时候，我开始接触竞赛类的书籍。

经过千挑万选，我觉得其中程稼夫老师写的《中学奥林匹克竞赛物理教程 力学篇/电磁学篇》和张大同老师写的《物理竞赛教程》这两套书，是很不错的竞赛书。两套书的侧重点不同，张老师的书注重解题，程老师的书注重整个物理知识体系，学完这两套书，我感觉我的物理水平整体有了很大提升！

不是每个同学都适合在一开始就会做竞赛题的。跟我一起准备参加竞赛的有些同学，在刚开始的时候根本看不懂题目，甚至连题的讲解都不一定看得懂。我是在学了很长时间竞赛题后，才真正能做对一些竞赛题的。不过，竞赛学习能够提高你的学习实力，除了拿名次取得保送机会之外，即使没有取得好的名次，再回过头来看高考题，你也会发现它们变得非常简单，再想想当时的付出就都是值得的了！

高效学法

在如此众多的种类中，选出适合自己的参考书，并不是一件容易的事情。王一凡同学以物理书为例，总结了自己选购参考书的方法。

1. 程稼夫的两本竞赛书（力学篇，电磁学篇）

简评：作为入门教材，这两本书相当经典。全书结构合理，知识内容非常全面，讲解活泼，例题比较经典。本书起点不高，但吃透后拿省一不成问题，可为更深层次的学习打好基础。

2. 《金牌之路》张大同著

简评：被众多高手强烈推荐的一本书，人气极高。难度和复赛难度相当，整体编排比较经典，例题和习题直接选了很多竞赛原题。

3. 《物理学难题集萃》舒幼生著

简评：舒幼生先生的不朽之作，极力推荐！本书难度并不像传说中那样高不可攀，但物理境界上与其他竞赛书明显不在一个档次。若能认认真真做完本书，你的物理素质一定会有一个质的飞越！

4. 《物理竞赛集训精编》舒幼生著

简评：难题集萃的缩减本，难度和经典程度都大大不如上一本，但质量仍是不错的。

5. 奥赛经典系列的物理竞赛教材

简评：分理论和实验两本。理论不是很有名，但实验教材（青一平著）是目前唯一的比较系统的竞赛实验书。

6. 官方的实验指导书

简评：不能不看，但也别花太多精力在上面。

7. 《200道物理学难题》

简评：很偏重技巧的题集，上面有不少十分精华的好题，可以开阔视野，有时间建议做一做。但对于提高能力的作用不如难题集萃。难度略高于复赛。

8. 《苏联500》

简评：绝版书，难度比复赛低一点。

9. 《奥赛兵法高中物理》

简评：绝版书，在国图能弄到复印本。例题有些比较好，习题里有的非常难，而且没有解答。如果觉得自己实力足够的话可以试一试。

10. 《国际物理奥赛的培训与选拔》

简评：新书，题目选自复旦集训队题。分理论和实验两部分，理论部分有大约200道题，比较难（难度略高于决赛），且有很多题非常好，注重物理思想和综合计算，对技巧也有要求。

看了王一凡同学的学习经验和选择参考书的方法之后，相信大家可以找到真正适合自己的参考书了。但需要注意的是，无论哪一种参考书都是在讲解教科书，所以，若只读参考书，忽略了教科书的作用，那就本末倒置了。

39 有效的偏科学习法

偏科，一般是大家不提倡的，甚至是反对的，而“有效偏科”妙就妙在“有效”两字上。所谓“有效偏科”，就是“哪壶不开提哪壶”，哪门功课越感觉自己没学好就越要花更多的时间、精力去学好它，越是感觉困难大的科目就越是要努力拿下它，“啃的就是硬骨头”。

星光大道

杨诗武 | 2004年保送北京大学

榜样之谈

小时候，妈妈给我讲的第一个名人故事是数学家欧几里得。也许从那时开始，我就跟数学结下了缘，总觉得自己对数学特别有感觉。一个陌生的知识点、一道没有做过的题目能让我联想到很多东西，我想这应该就是兴趣。

我喜欢数学，我就埋头在数学里，一点一点地学，一道题一道题地做。我感觉我特别有想法，给我选择题，我就用转化法或者特殊值法来做，填空题或者后面的大题，再简单我都愿意在草稿纸上仔细验算。慢慢地，我的错题越来越少。高二的时候，我觉得高考题好简单；高三的时候，我觉得大学里的数学题是我向往的。其实，这样也不好。我这么偏向数学，导致语文和英语成绩都不太好。毕竟我分给它们的时间太少了。虽然到高二的时候我意识到这一点，经过一整年的学习，我还是觉得效果甚微，语文和英语的水平只能在中游徘徊。

这个时候，真是该谢天谢地了，我在数学竞赛上取得了不错的成绩，随即而来的保送机会让我不用再经历千军万马的高考之战。

高效学法

杨诗武同学运用的是典型的偏科学习法。在“有效偏科”的基础上，考入复旦大学的冯笑同学还提出了“重点突破”的思路。她觉得，如果自己某一学科稍差，光是多花一些时间“偏科”还不够，还要分析自己在这一学科中哪一部分最差，再来个“重点突破”。换句话说，就是在“偏科”中再来个“偏科”，集中优势兵力，先打开一个突破口。

冯笑同学说，她自己曾分析过，自己在语、数、外等几门主科中，英语最差，为此自然应该多花一些时间在英语上，把这一门功课拉上来。而把大大小小二三十次考试的情况一分析，在英语中失分最多的是完形填空，单选、阅读乃至写作都失分不多，至少不比班上同学的平均水平差。完形填空题每次至少要丢一半甚至三分之二的分。于是，她专门去书店，买来《高考英语必备・完形填空》《完形填空典型题1000》等专讲完形填空的书，来了个“重点突破”。一段时间后，她发现效果相当好，这一“丢分大户”，现在一跃而成了“得分大户”。而这一块突破了，整个英语的成绩也自然上了一个档次。以至于最后，英语竟成了她的强项。报志愿时，她毫不犹豫地报了英语专业。

不难看出，冯笑同学的做法很符合毛泽东的军事思想——集中兵力打歼灭战。

40 和同学结成学习同盟

聪明的同学都知道，身边的同学是自己“取之不尽，用之不竭”的学习资源。不管竞赛还是高考，这都是全省、全国性的，不是个人间、班级内的角逐。因此，在学习中，如果你能和几位成绩优秀的同学结成学习同盟，遇到问题一起研究，交换想法，认真讨论，这样就可以打开自己的思路，学习到别人解决问题的方法，最终使大家的学习能力和解决问题的能力都得到提高。

星光大道

邓睿 | 2007年保送北京大学

曾获全国高中生化学竞赛（省级赛区）一等奖

榜样之谈

我知道竞争中没有常胜将军，结果肯定不是赢就是输。但是我更知道“失败是成功之母”！

到现在为止，我都对自己高中时的同桌记忆深刻，也是对自己的一种警示。我觉得他的成绩应该很好的，因为他很聪明，而且非常细致。但是，他把每次考试的成绩看得太重了，总会因为一次失误而情绪低落，并且持续时间非常长。后来，我们一起加入化学竞赛小组，他的压力似乎更大了。长此以往，我感觉他的学习热情慢慢消磨殆尽，最终不光化学竞赛没有拿到理想的成绩，连高考也没有考出满意的分数。

我希望大家也以我的同桌为例，不要步其后尘。学习的时间毕竟是短暂的，但我们要学习的东西太多了，不光是知识，更多的是人生！

高效学法

2011年安徽省高考文科状元丁洁同学说："在我的班上，没有人能够独立应付所有学科的学习，平时遇到不懂的问题是常有的事，于是，互相请教便成了家常便饭。没有人以向他人请教为耻。大家在互相请教中成了好朋友。平时，志同道合的朋友便会在一起讨论同一个话题。在遇到较多难题时，光是一个人独立思考，有时时间是不够用的，我们几个常采用分工合作的方法，每人解决几题，然后告诉其他人。

"我个人觉得这种方式对我的学习有很大的帮助，使我了解了不少其他人的新颖思路，而且事半功倍。在空闲时，我们常找些题互相考，遇到新奇的题目也一定会挑出来共享。这样做，既充分地利用了资源，又发挥了个人的长处。在这样一个融洽的环境中，我们的成绩都有所提高。"

可以看出，丁洁同学在备考过程中最大限度地利用了身边的资源。下面我们就一起来看看，在和同学组成学习同盟时有哪些需要注意的地方。

1. 要选择与那些积极上进、刻苦勤奋、善于学习的同学结成"同盟"，这样的"同盟"才会有不断前进的基础和动力。

2. 同盟内部要学会分工合作。比如，英语优秀的同学可以帮助英语稍弱的同学，而物理偏弱的同学则多请教物理突出的同学……大家优势互补，这样的同盟学习效率才最高。

3. 经常展开讨论。比如，课上对于老师提出的问题，要大胆说出自己的看法；课间或放学后，每个人把在课堂上没弄清楚的问题说出来，大家一起讨论，交换思路和方法。

学习同盟是我们进步的好帮手。一个好的学习同盟，能让你的学习水平大大提升，无形中增强自己的竞争力。